ENTIENDE TU MENTE

ENTIENDE TU MENTE

Claves para navegar en medio de las tempestades

Molo Cebrián **Luis Muiño** **Mónica González**

El papel utilizado para la impresión de este libro ha sido fabricado a partir de madera
procedente de bosques y plantaciones gestionadas con los más altos estándares ambientales,
garantizando una explotación de los recursos sostenible con el medio ambiente y beneficiosa para las personas.

Entiende tu mente

Primera edición en España: octubre de 2022
Primera edición en México: octubre de 2022

D. R. © 2022, Molo Cebrián, Luis Muiño y Mónica González

D. R. © 2022, Penguin Random House Grupo Editorial, S. A. U.
Travessera de Gràcia, 47-49, 08021, Barcelona

D. R. © 2022, derechos de edición mundiales en lengua castellana:
Penguin Random House Grupo Editorial, S. A. de C. V.
Blvd. Miguel de Cervantes Saavedra núm. 301, 1er piso,
colonia Granada, alcaldía Miguel Hidalgo, C. P. 11520,
Ciudad de México

penguinlibros.com

ISBN: 978-607-382-079-0

Impreso en México – *Printed in Mexico*

A Ana, porque pasaste de vecina a amiga y me ayudaste a dar el primer paso: probar la psicoterapia.
A Clara, por aparecer, por decir que sí y por enseñarme tanto con tu ejemplo de vida, con tu «día a día».
A ti, por haberte sumado a la familia de «Entiende Tu Mente» y darle sentido a esta aventura

MOLO CEBRIÁN

Para Susana, para seguir profundizando en nuestro amor

LUIS MUIÑO

A mi hijo Mario, por enseñarme cada día el lado positivo de la vida.
A Víctor, para que sigamos engrandeciendo la estrella

MÓNICA GONZÁLEZ

ÍNDICE

Prólogos

Por Molo Cebrián

Llevo unos días procrastinando este momento. El de hacer este prólogo. Un texto que va al principio del libro, pero que, paradójicamente, escribimos cuando ya lo hemos terminado. He vuelto a ojear las páginas sobre procrastinación y me he puesto manos a la obra. ¿Conseguirá este libro dejarte alguna idea que te anime a pasar a la acción? Estoy convencido de que sí; como ves, conmigo ha funcionado.

Si te fijas en la portada, verás que el logo de «Entiende tu mente» resume muy bien la esencia de este pódcast que ahora tienes en formato libro. No es más que una cabeza con una llave que gira cuando «haces clic». Tú eres quien decide qué hacer con ese clic, con esa frase que puede que te llame la atención en alguna de estas páginas. El mérito de tu progreso es tuyo. Aquí, simplemente, tienes unos aliados que disfrutarán mucho acompañándote en tu crecimiento personal y compartiendo reflexiones que, tal vez —¡ojalá!—, muevan esa llavecita que llevas en el cogote.

Pero claro, ¿y si nunca has escuchado el pódcast? Si eres oyente habitual, nos conoces y sabes lo que hacemos. Pero ¿y si te han regalado este libro por tu cumpleaños, una fecha señalada o porque sí? En ese caso creo que debería contarte, en unas pocas líneas, la historia de este proyecto.

En *Entiende tu mente* básicamente estamos Luis, Mónica y yo. Digo básicamente, porque a nuestro lado hay un equipo de personas que nos ayuda y participa activamente en todo el proceso. Cada cual tiene su papel. Luis es el psicólogo del equipo. Hay quien le compara con el sabio barbudo que aparece en los cómics de Asterix, Panoramix, y desde luego me parece la mejor comparación posible. Sabe más de lo que sabe y por eso cuida mucho lo que dice. Mónica es la coach. Ella tratará de animarte a que implementes, al fin, esos cambios que te puedan ayudar a enfocar las dificultades de cada día de una manera diferente. Ya sabes, «locura es hacer lo mismo una y otra vez esperando obtener resultados diferentes» (frase que solemos atribuir a Albert Einstein, aunque hace poco leí que no está del todo claro que sea suya). Y luego estoy yo: el estudiante. Tras una vida dedicada a la comunicación (fui locutor de muchas radios musicales), en 2016 decidí dar rienda suelta a mi pasión por la psicología y me matriculé en la carrera. He ido despacito, a medio curso por año. A fecha de publicación de este libro estoy cerca de graduarme. Pienso seguir estudiando, al menos, hasta los ochenta años. Eso sí... al mismo ritmo (despacito).

Sigo con la historia. En 2017 llamé por teléfono a Mónica y a Luis. Ellos aún no se conocían. Les pregunté a ambos lo mismo: «¿Os animáis a grabar un pódcast de psicología?». Por entonces, casi nadie sabía lo que era un pódcast y muy pocos pronunciaban bien la dichosa palabrita (Luis no lo consiguió hasta el capítulo 37). Siempre tuve claro el objetivo de este proyecto y creo que lo hemos conseguido: ponerle nombre a «lo que nos pasa», normalizar «eso que nos pasa» y animar a pedir ayuda cuando «eso que nos pasa», nos supera.

Este ejercicio semanal de veinte minutos de charla, que ya ha superado los 250 capítulos, se ha convertido en el programa de audio más escuchado sobre psicología en español en todo el mundo. Sí, en todo el mundo. Cuando lo escribo me entra vértigo. La comunidad en torno a esta aventura no entiende de acentos, orígenes ni fronteras. Es un espacio donde se busca sumar. Puede que un tema propuesto por una oyente de Colombia le sirva a un oficinista de México para animarse a hablar de forma asertiva con un compañero de trabajo que, hasta ese día, se aprovechaba de su buena fe para que asumiera siempre las tareas más tediosas. Puede que un oyente de Barcelona deje un mensaje donde nos pida hablar de un tipo de fobia y otro de Sevilla llame esa misma tarde a un gabinete psicológico porque ha escuchado que con ayuda puede superar su miedo a conducir (amaxofobia).

Y así ha funcionado hasta ahora esta comunidad, esta familia. Como te decía, nuestras charlas son breves. No profundizamos, tratamos de poner un poco de luz en el camino. Sabemos que la perspectiva de cada cual es única y que no hay «recetas mágicas» ni «fórmulas de la felicidad» que funcionen para todo el mundo. Cada cual va a su ritmo y, si te atoras, si necesitas que te echen una mano, lo suyo es contar con alguien con quien puedas tener una conversación bidireccional y de más de veinte minutos. Nosotros tres nos quedaremos más que satisfechos al saber que nos diste el regalo de permitirnos andar a tu lado durante el primer kilómetro de tu viaje.

No te exagero si te digo que desde que comenzamos el pódcast hemos tenido más de treinta propuestas para publicar un libro como el que ahora tienes en tus manos. Un libro que tratara los temas que más han llegado a nuestro buzón de voz. Al principio no nos parecía que fuera necesario, pero cuando alcanzamos los cinco años de vida y caímos en la cuenta de que llevábamos más de ochenta horas charlando de psicología... decidimos que había llegado el momento. ¡Ya era hora de retomar esas ideas que hemos ido compartiendo con la familia del pódcast, ampliarlas y dejarlas por escrito!

Y mira, al final aquí lo tienes. Ahora te vas a lanzar a leerlo. Sacarás tus propias conclusiones. Serán tuyas. Únicas. Pero quiero animarte a que lo leas con la idea de que tienes en tu cartera el carné de nuestro club: el de las personas imperfectas. El club de la aceptación, donde aprendemos a querernos tal y como somos, como personas que solo hacen una o dos cosas realmente bien y en el resto son «del montón». ¡Y está bien así! Te vamos a animar a revisar el principio socrático de «conócete a ti mismo». Algo que no resulta nada fácil en estos tiempos donde no nos gusta mirarnos a los espejos cuando estamos recién levantados. Donde subimos fotos llenas de filtros a las redes sociales, pero no para mostrar cómo somos, sino para que nos vean los demás como queremos que nos vean y sentir, así, que encajamos en el grupo del que pensamos que debemos formar parte. Si te animas a entenderte mejor y a aceptar que eres una persona normal y del montón (no te imaginas la paz que da eso), sigue leyendo.

Por Luis Muiño

¿A qué dedicamos más tiempo en nuestra vida? Si hacemos esa pregunta a los que nos rodean, muchas personas nos responderán que, por desgracia, nuestra actividad más demandante es trabajar. Otros, que seguramente no se resignan a que la vida sea puro esfuerzo, aventurarán que, con toda probabilidad, lo que más hacemos es dormir. Habrá quien nos recuerde que también pasamos mucho tiempo con actividades más abstractas, como pensar o sentir. A mí, sin embargo, me gusta siempre reivindicar algo a lo que dedicamos mucho más tiempo de lo que creemos: conversar, ya sea oralmente o por escrito.

Charlar es una actividad humana omnipresente. «El hombre es un ser social cuya inteligencia exige, para excitarse, el rumor de la colmena», decía Ramón y Cajal. Departimos sobre miles de temas cuando estamos de copas con los amigos, intercambiamos opiniones y bromas mientras trabajamos, leemos en nuestros móviles textos que han escrito otras personas mientras asentimos o discrepamos mentalmente, montamos nuestras relaciones amorosas dialogando de viva voz o mandándonos mensajes y nos ponemos de acuerdo en familia echando largas parrafadas o dando órdenes cortas —dos formas de discurso extremas que, curiosamente, a veces acaban por parecerse—. En todo caso, charlamos entre nosotros continuamente por distintos medios.

Sin embargo, curiosamente, hay pocos análisis sobre la importancia de la conversación nutritiva para la buena salud mental. Nuestros mejores éxitos vitales vienen de buenas pláticas y, sin embargo, tendemos a olvidar que esta es la causa fundamental. Con el pódcast de *Entiende tu mente* he pensado mucho en ello. Estoy convencido de que la repercusión que ha tenido se debe, en gran parte, a que nuestros diálogos trasmiten disfrute conversacional. Muchos oyentes nos dicen que sienten que están sentados a la mesa con nosotros (algunos, de hecho, imaginan una mesa camilla, que debe de ser el mueble que más invita a la charla). Y por eso tenemos cientos de propuestas para nuevos programas, mensajes en redes sociales, interacción continua en los eventos... Lo que buscan todas esas personas es ser parte de ese diálogo placentero sobre nuestra salud mental.

Ahora nos ha tocado poner nuestras ideas por escrito para continuar nuestras conversaciones por ese medio. Y me encantaría que cuando leyeras este libro sintieras esas cosquillas mentales que me agarran cuando participo en una charla con personas tan nutritivas como Molo y Mónica. Yo las he sentido escribiéndolo. Trabajar estos capítulos juntos, acerca de temas que nos provocan tanto como la asertividad, el amor, la introversión o la resiliencia, me ha vuelto a provocar esa estimulación.

Espero que encuentres aquí ese gusto por la brevedad que compartimos los tres (decía mi abuelo que disfrutar del diálogo es igual que gozar con la buena comida: lo importante es saber cortar antes de llegar al empacho). Intentamos que, al terminar un capítulo, no sientas que nos hemos empeñado en agotar el tema siendo exhaustivos. Al contrario: me encantaría saber que te hemos dejado con más preguntas que respuestas, con más ganas de construir a partir de lo que te hemos contado que de copiar una arquitectura mental ya dada. Tendría la sensación de objetivo cumplido si alguna de las ideas que lees te sirve de catalizador para elaborar tú, por tu cuenta, una forma distinta de andar por la vida que te ahorre algunas ansiedades, tristezas o parálisis vitales.

Otro de los aportes que espero que encuentres en el libro es la conexión con nuestro concepto de salud mental en permanente crecimiento. Mónica, Molo y yo pensamos que, al igual que ocurre con el cuerpo, nunca deberíamos dejar de ejercitar la mente. Por eso nos sentimos ajenos a los escritores que dan recetas para librarnos, para siempre, de temas como el exceso de anticipación, la falta de asertividad o las épocas de desmotivación. Somos miembros del Club de los Imperfectos, personas que nos vamos puliendo continuamente, fallando y volviendo a redirigir nuestro camino, equivocándonos para aprender. Al igual que cuidamos nuestra salud física yendo al gimnasio porque llevamos tiempo sin hacer ejercicio, acudiendo al médico a sanar los distintos problemas que, inevitablemente, nos van surgiendo y cuidando nuestra alimentación porque hemos perdido demasiado peso o hemos ganado más del que sería saludable, podemos auditar nuestra salud mental sabiendo que nunca alcanzaremos la completa felicidad. Ese concepto dinámico, de personas que no aspiran a la perfección continua en ninguna de las áreas de la salud mental, es el que te ofrecemos en este libro.

Me ha encantado ver, cuando me relaciono con los seguidores de *Entiende tu mente*, que esa es la forma en que ven estos temas los miembros de la comunidad ETM. Ha sido estupendo compartir charlas con oyentes que intentan hacer sin cesar ejercicios de gimnasia emocional, personas que combinan cabeza y corazón y sienten continuamente, y gente que aprende aceptando errores porque sabe que la vida es cambiante y nuestros mecanismos de adaptación a esa realidad no pueden ser fijos. Me encantaría que conectaras con ese espíritu de «imperfectos orgullosos de serlo» y que, como lector, te unieras a este grupo de personas a quien les divierte aprender cosas de sí mismos, aunque suponga reconocer errores.

Por último, me gustaría que encontraras útil nuestra tendencia a escribir investigando: no hemos intentado transcribir nuestras ideas, sino crear conjuntamente algo inédito. Sería genial si tú, como lector, hicieras lo mismo. Parir nuevas ideas a partir de las que nosotros hemos redactado es la mejor forma de interiorizar estos capítulos que tienes por delante. No hemos pretendido agotar los temas (tampoco sabríamos hacerlo) y por eso espero que tampoco te hayamos agotado a ti como lector. Discútenos: nos gustará. Lo único que me sabría mal es que te hayamos dejado indiferente, cualquier forma de diálogo mental significará que te hemos aportado algo. Y sé que es difícil: la salud mental está llena de repeticiones de tópicos, de frases que se dicen sabiendo que todo el mundo está de acuerdo... porque no significan nada.

Una vieja broma sobre los psicólogos es que somos personas que decimos lo que todo el mundo sabe con palabras que nadie conoce. Tengo muchas esperanzas de que este libro que tienes por delante sea lo contrario, que te proporcione al menos algunas ideas que prendan chispas y te permitan vislumbrar una forma distinta de salir de líos mentales en los que andes entrampado. Me gustaría que lo que hemos escrito juntos te sirviera no solo como «Entiende tu mente» sino, también, como «Enciende tu mente».

Un abrazote.

Por Mónica González

Estas primeras páginas donde abres la ventana a todo lo que quieres transmitir en una lectura siempre me han parecido mágicas. Sentimos que la sustancia vendrá después, en cada capítulo, y a veces hasta nos permitimos saltárnoslas, pero a mí me da la sensación de que canalizan la parte más personal de los autores.

No es fácil ponerse ante una página en blanco y dejar fluir el torrente de confidencias que te gustaría transmitir en un prólogo, igual que no es fácil ir afrontando las incertidumbres y retos que abordamos en nuestro día a día. Entenderlos y entendernos a nosotros como protagonistas de esas escenas da, la mayoría de las veces, mucho vértigo o incluso miedo, igual que crear algo desde cero como es un libro. Cuando Molo, Luis y yo iniciamos nuestro pódcast «Entiende tu mente» solo teníamos un objetivo, compartir nuestras experiencias, ideas y conocimientos para bajar un poquito los niveles de vértigo, miedo, desazón o sufrimiento que todos vivimos cada día. Y subrayo ese «todos» porque una de las cosas que más rechazábamos y rechazamos hoy es ese sentimiento de soledad que tenemos cuando sentimos esas cosas, como si nadie más, o muy pocos, sufrieran de lo mismo.

Siempre nos ha motivado aportar nuestro granito de arena para evitar esa gran contradicción que existe entre lo «normal» que es ir al médico cuando te duele algo en el cuerpo y, sin embargo, no buscar ayuda cuando sentimos que algo no va bien en nuestra mente. Y fue precisamente con estas ideas en la cabeza con las que iniciamos esta maravillosa aventura de la que ahora hemos querido dejarte unas cuantas ideas útiles en este libro.

Hemos tratado de transmitirte nuestras reflexiones igual que siempre lo hemos hecho, como si nos sentáramos juntos a charlar un rato sobre las cosas cotidianas de la vida que te gusta compartir con tu gente más cercana: nuestros miedos, nuestra visión del amor, lo difícil que es motivarnos o cambiar de hábitos o lo mal que llevamos procrastinar las cosas importantes que tenemos por delante. Lo hemos intentado abordar desde la que nos parece la mejor perspectiva, desde la naturalidad y desde nuestra públicamente reconocida imperfección, y lo hacemos así porque es la forma que a nosotros más nos ha ayudado a sanar, al menos en parte, esos aspectos y otros muchos.

En este libro no esperes encontrar recetas mágicas que siempre y para todos funcionan, tampoco frases del tipo «todo va a ir bien» o «seas como seas, vas a alcanzar todo lo que te propongas», porque nosotros no creemos en esto y además, nunca nos ha funcionado. Sin embargo, sí que me gustaría que este libro te aportara algo que para mí ha sido esencial toda mi vida: libertad.

Libertad para aceptar que no podemos controlar todo lo que nos rodea, como mucho, nuestra actitud ante lo que nos sucede. Libertad para aceptar que no somos perfectos, y aun así, tenemos el derecho de querernos y cuidarnos como al que más. Libertad para sentirte parte de una gran comunidad que tiene picos y valles en su vida, lo acepta y le saca todo el jugo que puede a cada situación. Libertad para poner en valor todo lo bueno que tienes dentro, que todos lo tenemos, y para decidir cuándo y hasta donde mejorar lo mejorable. Libertad para mirar de tú a tú a los miedos y a las incertidumbres, y decirles que cada día estás más fuerte y pueden hacerte menos daño. Libertad para tomar decisiones y alejarte de todo lo que absorbe tu energía y tu alegría. Y desde luego, libertad para coger el mando de tu vida y guiarla por donde veas que te hará más feliz.

Podría seguir dándote más pistas de lo que puedes encontrar en estas páginas, pero prefiero que tú decidas por dónde quieres empezar a explorar, a anotar alguna idea que te valga o simplemente a sacarte una sonrisa con alguna de nuestras anécdotas imperfectas, que te aseguro que hay unas cuantas.

Y como este libro va de compartir, me permito unas últimas líneas de este prólogo para compartir contigo lo que para mí ha supuesto ser parte de él. Podría empezar por decirte que es un reto cumplido, un sueño que tenía desde niña y que ahora podré ver en tus manos, y no solo en mi imaginación. También la ilusión que me hace la sola idea de poder aportar algo bueno a otras personas, aportar perspectivas diferentes de ver la vida y, ya de paso, ayudar a limpiar los oscuros cristales a través de los que, frecuentemente, valoramos lo que nos pasa. Pero si hay algo con lo que me gustaría quedarme es con el aprendizaje que ha supuesto para mí poder combinar en una única fuente las ideas, pensamientos, propuestas y experiencias de tres personas muy distintas, pero que convergen en algo esencial: el valor de la imperfección.

No me quedan apenas líneas libres para agradecer a Luis y Molo lo mucho que me nutren y la carga de energía que recibo cada vez que hacemos cosas juntos, y todas las pequeñas y grandes cosas que me llevan regalando todos estos años: escribir este libro los tres es sin duda una de ellas. También agradecer todo lo que me han dado las personas que han estado muy presentes en mi vida, familia, compañeros, amigos... miles de vivencias compartidas, buenas y no tan buenas, que me han aportado las experiencias vitales que ahora yo puedo aportar a otros.

Y desde luego, no podría poner el punto final a este prólogo sin agradecerte tu tiempo y tu confianza por estar leyendo estas líneas y por darte la oportunidad de entenderte mejor cada día.

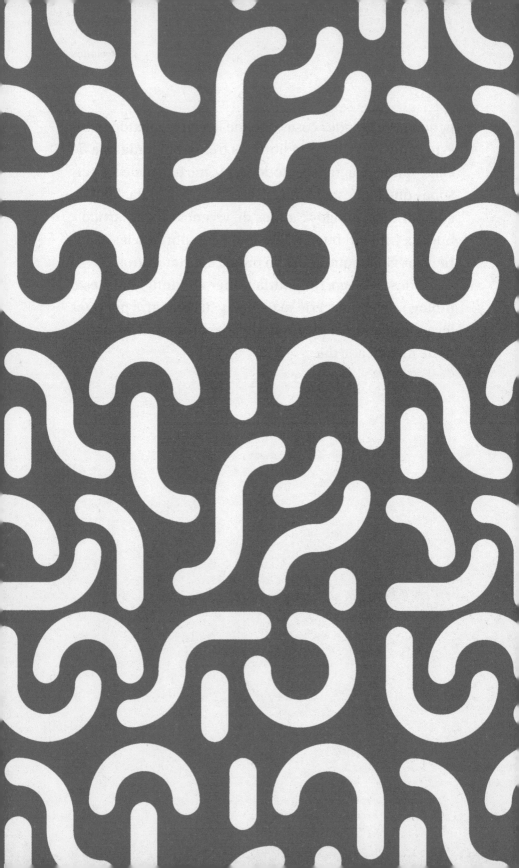

Asertividad

Hay quien piensa que se trata de la capacidad de decir NO. ¿Decir NO en un mundo donde parece que está mal no agradar, no asentir, hacer comentarios alejados del pensamiento normativo o subir fotos a las redes con mensajes «no gustables»? Parece que no es lo más indicado, ¿verdad? Parece que no nos va a ayudar en nuestro camino, en nuestro trabajo, en nuestras relaciones personales. No te preocupes, no te vamos a decir que digas que NO a todo, solo vamos a compartir ideas para que te digas SÍ a ti y seas asertivo, pero solo cuando quieras. Porque, como leerás al final del capítulo, tenemos derecho a comportarnos también de forma NO ASERTIVA. Pero, antes de llegar hasta allí, empecemos.

Im

¿QUÉ ES LA ASERTIVIDAD?

Asertividad es una de las palabras más feas que existen en español: tiene un sonido espantoso. Pero encubre uno de los conceptos más importantes para una buena salud mental. Se trata de la capacidad de tener relaciones de igualdad con las personas que nos rodean. Y es una forma de relacionarnos que conlleva cierto tipo de comunicación no verbal (mirada directa que no presiona, expresión facial distendida y expresiva, etcétera) y de comunicación verbal (capacidad de alabar, pero también de criticar, mensajes que manifiestan opiniones y necesidades, etcétera). Lo más

> importante es que, en esos momentos, trans-
> mitimos a los demás (y sentimos en nuestro
> interior) que no somos ni menos ni más que
> nuestro interlocutor. Nada más y nada menos.

Y aunque de entrada esta definición parece que pone el foco en nosotros mismos, no es exactamente así. Mostrar nuestro lado asertivo es, también, una muestra de respeto al que está enfrente. Hablar con asertividad es abrirse con confianza al receptor de tu mensaje, sentirte con libertad para compartir y, a la vez, con la predisposición de respetar. Me respeto, te doy la oportunidad de conocer lo que siento y necesito, y tú, que me escuchas, puedes tomar tus decisiones después de escucharme de forma sincera. Supone respetarnos a nosotros mismos. Decir sí a nosotros, aunque implique decirle no a los demás. Y darle al receptor nuestro mensaje directo, sin ambigüedades, sin tibiezas. ¡Esto es lo que puedo y quiero darte! ¿Seguimos adelante juntos? ¿Llegamos a un acuerdo?

TIPOS DE COMUNICACIÓN

Cuando somos asertivos, nos quedamos a medio camino entre la agresividad (imponerse al otro) y la pasividad (dejarse dominar por la persona que tenemos enfrente). Para conseguirlo, tenemos que usar la estrategia más importante de nuestras relaciones sociales: la comunicación ¿Cómo podemos hacerlo? Conocernos a nosotros mismos y las técnicas que estamos usando en cada momento es esencial.

• Comunicación pasiva

Cuando ponemos por delante el bienestar de los otros. Es una forma de evitar el conflicto diciéndonos NO a nosotros mismos y SÍ a nuestro interlocutor. Cuando nos comportamos así, tenemos la sensación momentánea de caerle bien a todo el mundo, pero en realidad no somos nosotros los que conseguimos la aprobación, solo una caricatura que niega nuestra esencia. No nos respetamos, solo nos sometemos al otro.

• Comunicación agresiva

Imponemos nuestro criterio: se hace como queremos o no se hace. Nuestra forma de ver las cosas es la correcta y así lo comunicamos, sin dar opciones ni oportunidad de rebatir. No respetamos a los demás, solo a nosotros mismos.

• Comunicación pasivo-agresiva

No mostramos nuestros deseos de forma clara, sino que tratamos de manipular a nuestro interlocutor para que haga lo que queremos. Superficialmente, parece que nos mostramos pasivos, pero estamos esperando a que el otro adivine lo que queremos y lo haga. Si nuestra estrategia manipulativa no funciona, utilizaremos chantajes emocionales o nos mostraremos sarcásticos, caóticos, resentidos, culpabilizando al otro de nuestro mal estado de ánimo por no haber adivinado y llevado a cabo lo que queríamos. No respetamos al otro: nos respetamos solo a nosotros mismos... aunque no lo diremos de forma abierta, sino sutil y ambigua.

• Comunicación asertiva

Sabemos que nosotros valemos lo mismo que los demás y la persona con la que hablamos cuenta igual que nosotros. Ni más ni menos. Le decimos lo que sentimos y lo que queremos y escuchamos sus emociones y sus deseos, sin juzgar ninguno lo que el otro siente o anhela. A partir de ahí intentamos llegar a un acuerdo: si lo conseguimos, será un trato fuerte y duradero porque los dos nos respetamos.

Ejemplo:

—María: ¿Qué película quieres ver?

—Julia: Pues me gusta la de la sala 1 y la de la 2. También podría ver la de la 6, pero me apetece menos... ¿Y tú?

—María: Pues la de la sala 1 no me apetece nada, la verdad. Hoy me pide el cuerpo una comedia. La de la 2 estaría genial, pero la de la 6, aunque no sea de risa, también está bien... ¿Qué te parece si vemos hoy la de la 2 y volvemos a quedar la semana que viene y vemos la 6?

—Julia: Fenomenal, ya tenemos plan para hoy y para otro día.

*Nota para imperfectos: es muy probable que te hayas reconocido en diferentes momentos usando estos cuatro modelos de comunicación. Es normal: somos del Club de los Imperfectos, es imposible ser siempre asertivos. Poner nombre, ser conscientes de qué estilo adoptamos en cada momento y con quién, es el primer paso para poder empezar a dar un giro que nos lleve, poco a poco, a ser cada vez más asertivos en las situaciones en las que sea posible.

¿Y tú cómo te comunicas? Ya sabes que nos encanta saber dónde estamos para poder mejorar. Sea cual sea el tipo de comunicación que haya predominado en tu día a día hasta ahora, te animamos a que vayas acercándote a la comunicación asertiva. Parece la más sana, ¿verdad? Pero ¿por qué no la utilizamos todos y en todo momento? Vamos a dejarte varias ideas.

La primera es que, como apuntábamos al principio del capítulo, hay situaciones en que elegimos no ser asertivos, ¡y es lo mejor que podemos hacer en esas circunstancias! Por ejemplo, ¿qué pasa si tenemos un jefe que nos aborda para pedirnos opinión sobre algún tema, pero sabemos que no tolera que nadie piense de forma diferente? Si queremos conservar nuestro puesto de trabajo, obviamente optaremos por no ser asertivos. Lo importante es saber que estamos eligiendo esa alternativa.

En otros momentos nuestro problema es la falta de autoestima: no sentimos, de entrada, que podamos situarnos en el mismo nivel que los que nos rodean. Aunque no lo digamos, en nuestro interior nos sentimos inferiores y con menos derechos que las personas con las que estamos intentando negociar. Por ejemplo, la limitación puede venir de nuestra poca confianza en nuestras habilidades sociales. Aunque racionalmente sabemos que somos iguales que los demás, nos sentimos vulnerables en la interacción porque tenemos la sensación de que no manejamos el lenguaje, no encontramos oportunidad de meter baza o pensamos que todo lo que decimos son tonterías.

Por último, hay situaciones en que nos venimos abajo por nuestra falta de tolerancia a la tensión interpersonal. A todos los seres humanos nos resulta más fácil ser asertivos mientras no haya roces con los otros. Pero las situaciones de decepción de las expectativas ajenas (hacer una crítica, manifestar diferencia de opiniones, decir no, etcétera) nos cuestan mucho y es más habitual que tendamos a otros tipos de comunicación menos sanos. Hay, también, un factor de personalidad: a ciertas personas les resulta más complicado decepcionar a los demás. La ciencia habla, por ejemplo, de que hay individuos que en esos momentos generan más cortisol (la hormona del estrés y el desasosiego). Y eso se traduce en sensaciones físicas: hay personas a las que les duele siempre la cabeza después de una discusión, otras sufren del estómago y hay quienes se anegan en lágrimas en cuanto la tirantez sube de tono. También puede acabar asociada a correlatos psicológicos, como el bloqueo, la dificultad para expresarse o un aturdimiento general que les hace desconectar de lo que están viviendo. Tal vez tú seas así, y por eso notas que el malestar que te producen los conflictos es casi físico.

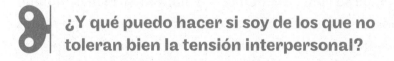

¿Y qué puedo hacer si soy de los que no toleran bien la tensión interpersonal?

¡Bienvenido al club! Nosotros estamos trabajando en ello: en nuestro equipo somos especialistas en falta de tolerancia a la tensión. Los tres somos personas a las que les cuesta mucho afrontar conflictos y no cumplir las expectativas que los demás han puesto en nosotros. Seguro que, si nos hicieran analíticas cada vez que hay momentos de

enfrentamiento, verían que estamos inundados de cortisol. Con todo, aunque nos cueste, vamos ganando cada
día un poco más. Cada conflicto que conseguimos afrontar a pesar de la tentación de evitarlo nos lleva a acostumbrarnos a las sensaciones incómodas y darles menos
valor. Nos resulta difícil decir que NO, pero, cuanto más
lo hacemos, menos nos cuesta y más valoramos sus beneficios.

¿Qué nos ocurre a los imperfectos cuando tenemos
que ponernos en «modo asertivo» y eso implica no cumplir las expectativas de los demás? Puede que te suene esto.
Surgen sensaciones de culpa y miedo al rechazo o a que-
darse fuera de relaciones que creemos que son impres-
cindibles (aunque, en realidad, no lo sean). Estos temores
aumentan la tentación de huir de los conflictos tomando
el camino «fácil», la huida hacia delante. Y le decimos SÍ al
compañero de oficina que no es amigo nuestro, pero que
nos embarca en su mudanza sin habernos preguntado,
a la pareja que ha dado por hecho que ciertas labores con-
juntas son solo responsabilidad nuestra o al amigo que nos
cuenta su vida en capítulos sin interesarse lo más mínimo
por nosotros. Asumimos compromisos que no queremos
aceptar y luego nos sentimos atados a ellos hasta que ex-
plotamos en un momento inoportuno y, a veces, incluso,
con la persona inadecuada. En nuestra cabeza aparecen
señales de alarma que en general son irreales y exageradas,
pero elevan nuestra tensión interpersonal y nublan nuestra
parte racional.

8 ¿Te sientes mal por no hacer lo que quieren los demás?

Vamos a darle una vuelta juntos a esa sensación que nos produce la comunicación pasiva, esa comezón que se nos queda dentro cuando nos hemos dicho NO a nosotros y SÍ al otro. ¿A que produce picazón sentirse así?

Empezamos haciéndote unas preguntas: ¿a ti te gustaría estar en una relación con una persona que realmente no conocieras? ¿Te imaginas tener a tu lado a alguien que nunca te dijera lo que realmente piensa, que te permitiera hacerle daño y no te comunicara lo que duele, que no te mostrara sus opiniones, que no confiara en ti? ¿Estarías cómodo? ¿Aprenderías algo de esa persona? ¿Crees que un nexo de ese tipo te ayudaría a crecer? ¿Tendrías la convicción de que puede construirse una relación sana con esos cimientos?

Suponemos que las respuestas son las mismas que nos damos nosotros tres cuando en *Entiende tu mente* hablamos de estos temas. Y por eso siempre nos recordamos a nosotros mismos que, cuando la persona con la que nos comunicamos nos importa, ser asertivo es lo mejor tanto para nosotros como para los demás. Es la única forma de que crezcan las dos partes, de que los pasos que demos en nuestras relaciones de compañeros, amigos o vecinos vayan por una senda que, al menos, no haga daño a nadie. Intentemos recordar que ninguna persona con intereses sanos nos va a rechazar porque busquemos una relación nutritiva para las dos partes. Y a partir de ahí seremos capaces de aguantar la pequeña sensación de culpabilidad que nos inunda cuando intentamos manifestar nuestra posición y nuestras ideas.

_____CREAR UN DISCURSO ASERTIVO

En uno de nuestros primeros episodios (03: Asertividad, algo más que decir no) respondíamos a una persona a quien le costaba negociar turnos incómodos con su compañero de trabajo (fines de semana y vacaciones).

Si pretendemos ser asertivos, lo primero es intentar no generar hábitos nocivos que nos conviertan en esclavos de las expectativas ajenas. En las conversaciones que tenemos en *Entiende tu mente* surge a menudo una cifra: si haces el mismo favor más de dos veces seguidas, este se convierte en obligación. De hecho, hay investigaciones que muestran que ese favor se queda así grabado en nuestro cerebro. Una vez que hemos hecho algo que no nos corresponde tres veces consecutivas, no nos planteamos la siguiente como un acto de generosidad, sino como una responsabilidad. Por lo tanto, ¿qué os parece empezar por ahí? Si hemos cedido dos veces consecutivas ante una compañera para que tenga el mejor turno, la siguiente es muy importante que atendamos al criterio que más nos beneficia para que no se dé por hecho.

Ya tenemos ganado un punto de asertividad. Otra cuestión a mejorar es la tendencia a justificarnos: cuando tenemos poca tolerancia a la tensión interpersonal, solemos manifestar nuestras necesidades pidiendo perdón por tenerlas. Así que, en esta situación, sería importante que intentáramos hablar a esa persona sin ofrecerle una coartada. Podríamos probar con una expresión del tipo «Mira, a mí me viene mejor librar en fines de semana alternos. ¿Y a ti?». Sin explicaciones, manifestando nuestras necesidades con la fuerza del que sabe que tiene tanto derecho como la otra persona. Tenemos que recordar que, si la otra persona está esperando ese hábito sumiso nuestro, va a intentar volver sobre ello («Vaya, creí que no te importaba que yo eligiera los que me venían bien a mí, que a ti te daba igual»). Y sería bueno que consiguiéramos, poco a poco, sobrellevar la sensación de culpa y usar la técnica del disco rayado: volver una y otra vez sobre nuestro objetivo inicial sin pedir perdón ni poniendo excusas por tener necesidades. Por ejemplo: «Sí, la verdad es que prefiero así, fines de semana alternos. Dime tú qué te viene bien e intentamos negociarlo, ¿te parece?».

No es fácil, lo sabemos. Ninguno de los componentes de *Entiende tu mente* somos personas a las que se nos den bien las situaciones de tensión. De hecho, hablamos entre nosotros de los trucos que tenemos para evitar el NO rotundo que tanto nos cuesta. Mónica, por ejemplo, usa mucho el «No va a ser posible», que es una frase más suave que una negativa dramática. Luis, por su parte, reconoce que utiliza a menudo medios escritos (wasaps, emails o mensajes en redes sociales) para negociar con personas que usan la táctica de elevar el nivel de tensión para imponerse. Molo, por su parte, emplea la expresión «No me comprometo», donde antes solía dar un sí con poco convencimiento.

Como veis, son ideas que servirían para este ejemplo. Lo importante es que empecemos a romper el hábito de la comunicación pasiva a la que tenemos propensión ciertas personas. Tenemos que aceptar que no lo vamos a lograr a la primera, que seguramente nos achicaremos por el camino. Pero lo importante es que empecemos a darnos permiso de decir NO, aunque al principio usemos «protectores solares para el alma» que eviten la sensación de culpa. Tendremos que sobrellevar un montón de sensaciones y pensamientos paralizadores («Uy, qué cara me está poniendo, madre mía, ya no me volverá a hablar, voy a perder los amigos de la oficina porque va a hablar mal de mí»). Recordad que los que nos dedicamos a esto tenemos claro cuál sería el 10, el ideal de asertividad. Pero en *Entiende tu mente* sabemos que es imposible conseguirlo, que somos parte del Club de los Imperfectos y que ese objetivo utópico solo nos sirve para saber hacia dónde queremos ir. En una negociación asertiva, como ves, podemos aspirar a exponer nuestras necesidades y luego preguntar al otro para que nos muestre las suyas. Hasta ahí, actuamos de forma absolutamente egocéntrica. Una vez que lo hayamos hecho, comienza la negociación. En este caso, por ejemplo, podemos imaginar que la otra persona prefiere que, en los meses de vacaciones, los fines de semana se libren seguidos, pero en otras épocas no le importe tanto. A partir de ahí, nosotros podemos, asertivamente, encontrar un punto medio: «¿Qué te parece si, hasta las vacaciones, lo hacemos a mi estilo, y en cuanto lleguen, cogemos un mes cada uno sin trabajar?». Es curiosa la relación que existe en estos casos entre la *liberación* que experimentamos cuando mostramos nuestros verdaderos deseos de una manera respetuosa y esa sensación de *culpa anticipatoria* que nos ahoga al enfrentarnos a contravenir los deseos de otros. Ese pensamiento recurrente de que nos quedaremos solos y no nos volverán a querer o admitir dentro de ese grupo en el que tan a gusto nos sentimos. Esto suele pasar en cualquier proceso de negociación, tanto en la vida profesional como en la personal. La realidad es que estamos anticipando cosas que raramente van a pasar si contamos con el tacto necesario al transmitir nuestras necesidades o nuestra postura. Y aquí cobra especial importancia también el lenguaje que utilizamos, tanto el lenguaje verbal como el no verbal, porque la mayor parte de las veces, cuando no estamos entrenados en los comportamientos asertivos, nuestra falta de práctica se nota más en cómo decimos las cosas que en las propias cosas que decimos. Lo importante aquí, como en casi todo en la vida, es probar, ver que somos capaces. Al principio cuesta más, pero poco a poco notamos que nuestra asertividad fluye, hasta que llega un punto en que ni siquiera somos conscientes de que estamos siendo asertivos, simplemente disfrutamos de la liberación que comentábamos antes y dejamos de sentir miedo y culpa.

 ## ¿Influye nuestro nivel de autoestima en nuestro estilo de comunicación?

 Es difícil definir la autoestima. Tal vez sea uno de esos aspectos psicológicos que solo notamos cuando lo echamos en falta. Quizá la dificultad para cazar el concepto venga, en gran parte, de que cuando hablamos de este tema nos referimos a dos formas de sentir «que valemos». La primera la podríamos calificar de amor propio competitivo: aumentamos nuestra autoestima ganando a los demás en cuestiones puntuales o estableciendo retos personales que nos permitan superarnos a nosotros mismos. La segunda es la incondicional: podemos querernos a nosotros mismos porque hemos adquirido valor en un determinado contexto (familia, grupo de amigos, trabajo, etcétera).

Cuando nos sentimos insignificantes es porque carecemos de los dos tipos de autoestima. Puede deberse a que estemos usando mal la estrategia competitiva, porque nos comparemos con los demás en áreas en las que no destacamos, en vez de interiorizar nuestras mejores virtudes y ver que destacamos en ese tema. Al mismo tiempo, es posible que falle nuestro caudal de autoestima incondicional, porque nunca nos lo proporcionaron en nuestra infancia o porque la que nos aporta nuestro grupo de referencia no es suficiente en el momento vital que estamos viviendo.

Una autoestima sana es un elemento esencial de la fórmula de la asertividad. Nuestra autoestima en valores positivos nos da confianza en que, siendo justos con nosotros mismos y haciéndonos respetar, vamos a tener relaciones de calidad con los demás. Por el contrario, las personas que aún tienen que trabajar una autoestima demasiado baja creen que, siendo sumisos, llevando una comunicación pasiva y dejando que sean otros quienes tomen las decisiones sobre su vida, van a conseguir relaciones sanas, fructíferas y, sobre todo, duraderas. Pero, ahora que lees esto, ¿crees que tiene sentido? A todas luces va contra el sentido común. Si lo pensamos, nos damos cuenta de que siendo sumisos lo único que conseguiremos es desaparecer ante el otro. A ese otro puede que no le vengamos mal, quizá le seamos útiles. Tal vez nos mantenga ahí durante un tiempo, mientras pueda obtener algo de nosotros. Pero ya está. Es decir, no nos está valorando, no nos está respetando: nos está usando. Con lo cual probablemente la relación que mantengamos dure poco, sea poco nutritiva y, además, nos deje hechos polvo. Pero eso es lo que la autoestima te aporta: la sensación de que «tú vales, tienes virtudes y defectos como todo el mundo; y la persona que tienes delante te va a querer y te va a valorar, al igual que tú la valoras y te valoras a ti mismo». Incluso aunque para el otro en ocasiones la relación sea difícil porque le estás diciendo que no, porque le estás pidiendo cosas, porque estás negociando con él, aunque al principio sea más tensa, luego va a decir que «esta persona merece la pena, quiero que esté ahí, quiero que esté en mi vida». Y para eso debes quererte a ti mismo, respetarte y pensar en una comunicación ganar-ganar. Se habla mucho de empresa del *win-win*, pero también podemos aplicarlo a la vida cotidiana y a las relaciones personales. ¿Y sabes cuál es la opción alternativa y sana en la empresa al *win-win*?

_____GANAR-GANAR

Este término, que podemos encontrar en manuales de *marketing*, hace referencia a cuando en una negociación se alcanza un acuerdo provechoso para ambas partes. Todos los firmantes del acuerdo se benefician de uno u otro modo de las decisiones acordadas. Cuando en la negociación uno elige firmar un acuerdo que no le beneficia, hablamos de un PERDER-GANAR. Por el contrario, si nuestra empresa sale beneficiada con el acuerdo a costa de que la otra parte salga perjudicada, hablaremos de GANAR-PERDER.

 ## ¿Y qué pasa si no hay trato?

Somos seres sociales. Necesitamos vivir en comunidad, hacer equipo, participar de grupos, sentirnos aceptados. Pero ¿es posible hacer equipo con cualquiera? En el mundo de la empresa, cuando hay negociaciones, se trata de llegar a acuerdos satisfactorios para las partes. Se negocia y cada parte sabe hasta dónde puede ceder para alcanzar un acuerdo que beneficie a ambas partes. Firman un contrato cuando este va a tener réditos, beneficios. Y si no va a ser así, pues no hay trato. Ambas opciones se consideran buenas para la empresa. El trato *win-win* les reporta beneficios a ambas partes, y evitar un trato *lose-win* (donde una de las empresas pierde para que la otra gane) elimina la opción de tener pérdidas. Si llevamos esto a la vida personal, ¿qué pasa si no alcanzamos un acuerdo después de mantener una comunicación asertiva? No olvidemos que la opción de no hay trato está ahí, es también una opción asertiva e igual de válida y empoderada como la de alcanzar un acuerdo beneficioso para ambas partes.

 ## Derechos asertivos

Para terminar este capítulo queremos compartir contigo una lista de tus derechos. Sí, porque tienes derecho a relacionarte de forma asertiva y justa con tu entorno. Tómate tu tiempo para leer cada una de estas líneas e interiorizarlas. Tienes una serie de derechos que tal vez desconocías hasta este momento. No los olvides:

_____ DERECHOS ASERTIVOS

Tienes derecho a ser tratado con respeto y de forma digna.

Tienes derecho a sentir cualquier tipo de emoción.

Tienes derecho a tener cualquier tipo de opinión.

Tienes derecho a pedir lo que quieras y necesites, sabiendo que el otro tiene derecho a decir que no.

Tienes derecho a decir que NO, a rechazar planes, a no aceptar ideas ajenas, sin sentirte culpable por ello.

Tienes derecho a establecer tus prioridades, tomar tus decisiones y poner tus límites.

Tienes derecho a equivocarte, siendo responsable de aceptar que en esa decisión en concreto has errado.

Tienes derecho a cambiar de opinión.

Tienes derecho a tomarte tu tiempo antes de actuar o tomar una decisión.

Tienes derecho a no actuar o no tomar decisiones.

Tienes derecho a preguntar cuando no entiendes algo.

Tienes derecho a celebrar tus éxitos, reconocerlos y aceptar los halagos que conlleven.

Tienes derecho a sentirte bien contigo mismo, independientemente de los resultados obtenidos.

Tienes derecho a exigir un trato justo y a reclamar cuando este no se cumple.

Tienes derecho a estar en soledad cuando lo desees.

Tienes derecho a no tener que justificarte ante los demás.

Tienes derecho a hacer lo que quieras, siempre que respetes los derechos de los demás.

Tienes derecho a escoger no comportarte de forma asertiva.

El psicólogo

Yo intento luchar en terapia contra tres ideas que se repiten constantemente en los seres humanos y que nos impiden ser realmente asertivos. A una la podríamos llamar el «pensamiento bebé» y se podría enunciar así: «Se puede depender constantemente de los demás, porque siempre se necesita a alguien más fuerte en quien confiar». La otra, a la que me gusta llamar el «pensamiento mártir», viene a decir que «uno debe preocuparse más por los problemas e inquietudes de los que le rodean, porque, de lo contrario, está siendo egoísta». La última, el «pensamiento *best seller*», se traduciría en esta frase: «Tengo una extrema necesidad de conseguir la aprobación de todas las personas significativas que hay a mi alrededor para que no me rechacen». El problema de estos tres tipos de ideas es que nos llevan, inevitablemente, a evitar los problemas y vivir en una visión idílica de la realidad. El «pensamiento bebé», por ejemplo, hace que olvidemos qué nos piden los demás a cambio de nuestra dependencia, cuánto coartan nuestra libertad abusando de nuestra confianza. El «pensamiento mártir» nos lleva a preocuparnos más de las expectativas, necesidades y sentimientos de los demás que de los nuestros, olvidando que la táctica no tiene por qué ser recíproca: los que reciben toda nuestra abnegación de mártires habitualmente se instalan en el papel de receptores y no suelen correspondernos. Y si no somos capaces de abordar los problemas que eso nos trae, acabamos decepcionados porque los demás no son tan generosos como nosotros. El «pensamiento *best seller*», por último, nos impide aprender a superar la tensión que supone decepcionar las expectativas de los demás.

La coach

Siempre recomiendo un entrenamiento progresivo para ir avanzando en el desarrollo de nuestra asertividad. Creo que a veces tenemos la sensación de que la asertividad solo afecta a aspectos de alta relevancia e impacto (como, por ejemplo, cuando te enfrentas a ese rol que te está tiranizando sin ningún miramiento), pero, en realidad, nuestros comportamientos asertivos están presentes en todo nuestro día a día, hasta cuando compras una barra de pan y te quedas con ganas de pedir esa que está «más tostadita». Por eso, creo que una buena idea para perder el miedo a ser asertivos, para ir erradicando la creencia de que no podemos cambiar esta parte de nuestra conducta, es entrenar en los pequeños actos cotidianos. Y esto se aplica no solo con terceros (como, por ejemplo, con nuestro panadero), sino también con nosotros mismos. Si leemos con atención los derechos asertivos que hemos listado antes, veremos que hay muchos donde lo que se pone de manifiesto es la asertividad con nosotros mismos. Todos estos pequeños actos cotidianos, donde tenemos poco riesgo, nos son muy útiles para sentir que sí podemos ser asertivos.

El estudiante

Nadie puede saber lo que quieres si no se lo dices. Suena obvio, pero así es. A veces nos frustramos porque el otro no nos entiende, no se pone en nuestro lugar, pero ¿y si salimos de dudas, le decimos a esa persona lo que queremos y, luego, una vez compartido el mensaje, evaluamos su respuesta? Siempre decimos que es mejor poner el foco en los hechos que en las palabras, pero ¿realmente nuestro entorno sabe lo que necesitamos para estar bien? Aunque aquí comparto ideas como estudiante de psicología, déjame que te aporte un aprendizaje de mis estudios sobre comunicación: la responsabilidad de que el mensaje llegue correctamente al receptor es del emisor, no del receptor. Es decir, si quieres que alguien sepa lo que quieres, díselo y luego pregúntale para comprobar si lo ha entendido. Después, que hablen sus acciones, pero responsabilízate de haberle hecho llegar el mensaje de forma certera.

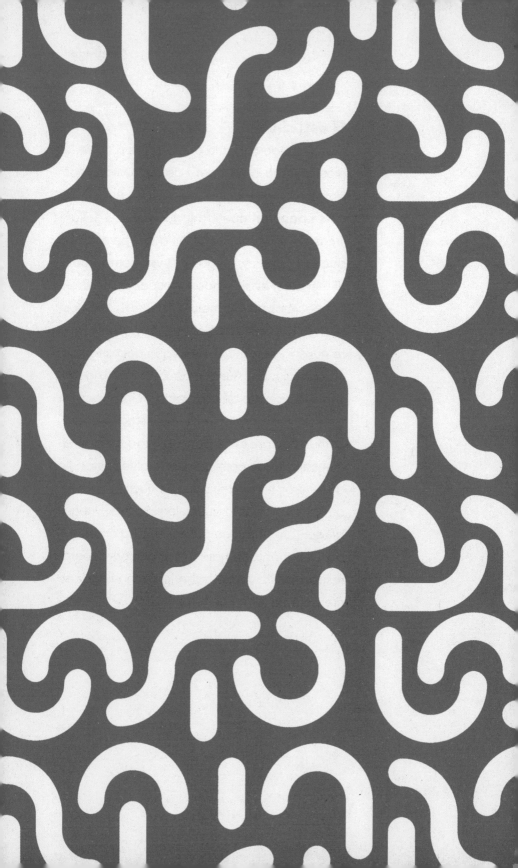

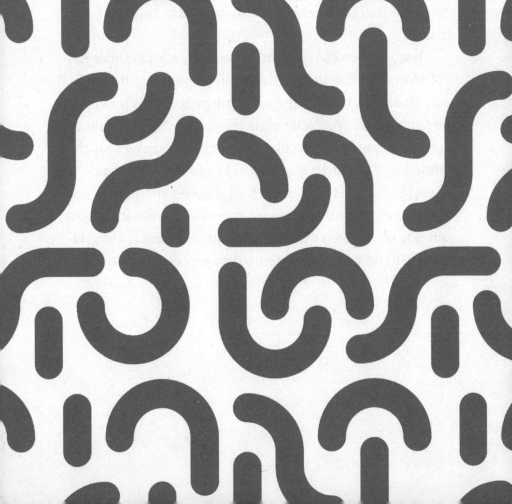

¿Es negativo ser introvertido?

Si escuchas el pódcast, ya sabes que algunos de los miembros de *Entiende tu mente* nos consideramos introvertidos. Es decir, que dos de nosotros (Molo y Luis) somos de esas personas que puntúan alto en los test que miden esa variable. Para nosotros, esa siempre ha sido parte de nuestra «imperfección»: lo hemos pasado mal (sobre todo hasta los treinta años) porque, en nuestra juventud, los extrovertidos dictaban «cómo hay que ser». Si un niño o un adolescente era selectivo y solo le gustaba jugar con amigos escogidos, si prefería leer en vez de ir de fiesta, si tendía a ser reservado con sus compañeros de clase y si dosificaba la cantidad de ruido social, se censuraba su conducta como si fuera insana.

Poco a poco eso está cambiando. Desde la «Quiet Revolution» (la «Revolución de los silenciosos») se defiende, en psicología, la idea de que la introversión es un factor de personalidad perfectamente adaptativo. Se ha dejado de confundir introversión con fobia social o con excesivo aislamiento. Y se valora que buscar la calidad —en vez de la cantidad— en las personas es totalmente adaptativo. Por eso, en este capítulo queremos contarte algunas ideas que quizá te sirvan para respetar a los introvertidos, si consideras que tú no tienes ese rasgo, o para respetarte a ti mismo, si ese es tu factor de personalidad.

¿QUÉ ES LA INTROVERSIÓN?

Para definirla, podemos partir de las ideas del psicólogo inglés Hans Eysenck, que fue uno de los que primero habló de este patrón. Encontró que ciertas personas tenían tendencia a sentirse mejor en el cara a cara que en grupos grandes, necesitaban experimentar instantes de soledad cada poco tiempo, eran propensas a leer o escuchar música en silencio y, por lo general, tenían pocos (pero muy buenos) amigos. A este conjunto de características, que solían estar asociadas, las denominó introversión.

Eysenck lanzó la hipótesis de que había un componente fisiológico muy fuerte en esta característica: las personas introvertidas tienen un nivel de excitación cerebral normal más alto que lo habitual. Este mayor nivel de arousal cortical hace que su cerebro esté activo continuamente sin apenas necesidad de estímulos exteriores. Su foco está orientado hacia pensamientos y sentimientos interiores. Las imágenes de TEP (tomografía por emisión de positrones) muestran que un área del lóbulo frontal incluida en la inhibición de la conducta es más activa en ellos. Y esto los lleva a ser menos espontáneos. Digamos que su cerebro está en permanente activación y

> por eso regulan la entrada de los estímulos de fuera. Están «casi llenos» por dentro y de ahí que necesiten filtrar mucho los incentivos externos.

Nosotros creemos que, desde fuera, esos rasgos llamativos se muestran, sobre todo, en la tendencia de los introvertidos a seleccionar con quién se juntan. Los introvertidos eligen muchísimo, porque tienen necesidad de controlar la estimulación. Por eso, también necesitan descansos sociales y son muy amigos de su soledad. Pero esto no quiere decir que cuando ellos deciden relacionarse (y esto es importantísimo: tiene que surgirles de dentro la necesidad) no puedan ir a una fiesta y pasárselo pipa.

Los introvertidos tienden a pasar más tiempo en su hogar, donde se sienten más protegidos. Eso se nota tanto de niños como de adultos: prefieren que sus amigos vengan a casa. Suelen, además, ser muy cautelosos con todo lo nuevo, lo intenso y lo desconocido, porque asimilan los estímulos nuevos de forma más lenta, tienen que digerirlos despacio, por lo que les cuesta más tiempo perder el miedo a las personas o a los lugares que no conocen. De nuevo podemos ver en eso un factor penado socialmente, pero que tiene su lado adaptativo: previene la gran cantidad de problemas sociales (grupos tóxicos, parejas disfuncionales, ambientes poco nutritivos...) que los extrovertidos suelen sufrir en mayor medida.

——— LA INTROVERSIÓN, ESA GRAN DESCONOCIDA

La «mala fama» de este patrón de personalidad ha hecho que ciertos comportamientos que son perfectamente explicables desde esa forma de ser se consideren «socialmente raros». En realidad, se trata de actitudes que todos los introvertidos (es decir, varios millones de personas en el mundo) reconocerían como normales, pero que suelen ocultar —por la presión social— y por eso se desconocen. Te dejamos diez ejemplos que te pueden sorprender:

1. **Son ajenos a las modas.** Nunca toman las decisiones cuando lo hace el colectivo: lo hacen después, a solas. Por eso es típico que se les acuse de individualistas o de «estar fuera» del grupo. No les importa que los llamen «viejos» cuando son jóvenes o que se diga de ellos que se pierden lo mejor de la vida.

2. **Cuando necesitan comunicarse, tienen que hacerlo con personas concretas según el tema.** No les sirve cualquiera: hay amigos con los que hablan de sus inquietudes culturales (cine, literatura...), gente con la que se desahogan emocionalmente, personas con las que quedan para reír y divertirse...

3. **Suelen ser depositarios de los secretos ajenos.** Tendemos a confiar en ellos por dos razones fundamentales: su gran capacidad de escucha activa y su tendencia a guardar la intimidad. Nuestros secretos están a salvo con ellos.

4. **Tienden a profundizar y obsesionarse con un tema en vez de diversificarse.** Esta es una de sus ventajas adaptativas, y explica por qué hay tantos introvertidos entre los expertos en todas las disciplinas.

5. **Les gusta estar «solos acompañados».** Sus relaciones de pareja, amistad o familiares se basan, en gran parte, en la capacidad que tienen otras personas para permanecer a su lado en silencio o dedicados cada uno a su actividad.

6. **No se sienten especialmente entusiasmados por experiencias externas.** Las investigaciones muestran que su cerebro se activa a partir de estímulos internos, no externos. Su felicidad no se ve afectada por una fiesta divertida o un viaje exótico: depende del estado de ánimo interior.

7. **Les gusta que su vida se desarrolle en «lugares seguros».** No se trata únicamente de que tengan miedo a salir de su zona de confort. Para ellos es importante estar en sitios donde pueden dosificar las personas y los estímulos. Por eso les gusta repetir experiencias.

8. **Evitan las interrupciones de su corriente mental.** Por eso es típico que no cojan el teléfono o tarden mucho en contestar un wasap: aunque quieran comunicarse con esa persona, prefieren esperar a «haber acabado de pensar» o a terminar lo que estén haciendo.

9. **Buscan continuamente espacios de intimidad.** Se sientan un poco aparte, cierran la puerta de su habitación aunque no estén haciendo nada íntimo, ocultan lo que están viendo en el ordenador o lo que están leyendo aunque no se avergüencen de ello, etcétera.

10. **No saben manejarse en las conversaciones frívolas.** Tienen poca facilidad para hablar de tópicos y solo empiezan a sentirse cómodos cuando la conversación se hace más profunda.

Susan Cain, una de las psicólogas que citamos a menudo en *Entiende tu mente* (por cierto, una gran introvertida y, sin embargo, una comunicadora excelente), pide en sus talleres que los participantes enumeren personas a las que admiran por sus éxitos en cualquier disciplina. Después recoge los nombres y divide a esos triunfadores en introvertidos y extrovertidos. La prueba tiene siempre un resultado equilibrado: hay tantos de un rasgo como de otro. Gandhi, Lincoln, Picasso, Einstein, Martin Luther King, Steve Jobs, John Lennon, Alfred Hitchcock, Messi, Rafa Nadal... La lista de introvertidos exitosos es muy extensa, así que está claro que el comportamiento introspectivo y selectivo puede ser perfectamente adaptativo.

Entonces ¿por qué existe tanta presión social en contra de este rasgo de personalidad? En el último siglo se ha empezado a difundir socialmente una idea extraña: la de que la soledad elegida es negativa. Pero... ¿realmente tiene tan poco éxito esta forma de ser? Ya te hemos dado ejemplos de que en el ámbito laboral no es así. Pero también podemos pensar en otros temas. Por ejemplo... ¿Qué tal se les da a los introvertidos la seducción? Pues te podemos decir que, según nos dicen las investigaciones (y nuestra propia experiencia;-)), hasta los treinta años o así la extroversión triunfa más a menudo. A partir de ahí, las cosas se equilibran e, incluso, de los cincuenta en adelante es más fácil ligar siendo introvertida o introvertido. Cuando entramos en la madurez, las relaciones entre lo que somos y el medio que nos rodea se hacen más complejas.

Por una parte, a partir de cierta edad empezamos a elegir activamente el ambiente que nos rodea en función de nuestra manera de ser. Encontramos, poco a poco, las circunstancias que nos dan la cantidad de estimulación que más nos agrada. Optamos motivados inconscientemente por este factor de personalidad y vamos encontrando nuestro lugar en el mundo. Las investigaciones muestran, por ejemplo, que este rasgo de personalidad es decisivo en elecciones tan diversas como la música que escuchamos (es más habitual que a los extrovertidos les guste más la música que comparten con otras personas y que dependan, por tanto, más de las modas), el lugar donde nos relajamos (los introvertidos suelen elegir más a menudo lugares con deprivación sensorial, en los que hay muy pocos sonidos y estímulos visuales) o el tipo de trabajo (los autónomos tienden a ser introvertidos).

Existe, también, otra forma de interacción: la personalidad modela la manera de interpretar y reaccionar ante diferentes acontecimientos. Como afirma el Talmud: «No vemos las cosas como son, las vemos como somos noso-tros». Las circunstancias se interiorizan de forma diferen-te según dónde nos situemos en este factor de personali-dad. Se viven distinto, por ejemplo, las rupturas amorosas —para el introvertido son más impactantes porque es más difícil volver a encontrar a alguien— y los problemas labo-rales —a los extrovertidos les cuesta más desconectar de ellos porque los exteriorizan continuamente con sus com-pañeros de trabajo—. Por último, hay una forma de inte-racción inversa: las circunstancias nos cambian. Tener hijos, por ejemplo, suele hacernos más extrovertidos de lo que éramos: relacionarse con ellos y con otros padres (un tipo de interacción no elegida, algo que, por lo general, los introvertidos evitan) contribuye a que las personas piensen y sientan más «hacia afuera» de lo que hacían habitual-mente. Por el contrario, hay otros trances (la muerte de un ser querido es un ejemplo) que suelen llevarnos a una ma-yor interiorización: incluso una persona muy extrovertida se convierte en alguien más metido en sí mismo en esos momentos.

FACTORES DE PERSONALIDAD

A lo largo de la historia de la psicología se ha tratado de dar con los rasgos fundamentales que, combinados, nos pueden servir para defi-nir la personalidad de cada sujeto. La rama de la psicología de la personalidad es aún muy joven. Ni siquiera tiene un siglo. Allport y Odbert fueron pioneros en esta rama. Querían conocer cuáles son los factores de personalidad y decidieron comenzar por el diccionario (no tenían Wikipedia). Basándose en los adjetivos que definen, en lengua inglesa, a las diferentes formas de ser, acabaron seleccionando más de un centenar de términos básicos (de las casi veinte mil palabras que encontraron inicialmente). Cattle rebajó esa primera selección a dieciséis factores de personalidad. Eysenck, a tres. Pero la combinación «ganadora» y con más aceptación hasta el momento ha sido la de los «cinco grandes» de Costa y McCrae. Podemos ver cuáles son nuestros rasgos por cómo respondemos de forma habitual ante determinadas situaciones. Y descubrir y aceptar en qué dimensiones de la personalidad «puntuamos» más alto o más bajo nos ayudará a conocernos mejor, a tener un autoconcepto certero. Si sabemos cómo somos, tendremos un as en la manga: sabremos qué nos sienta bien y qué podemos hacer para enfrentarnos de la mejor manera posible a las situaciones que nos plantee la vida.

Las cinco grandes dimensiones de la personalidad de Costa y McCrae son las siguientes:

Neuroticismo. Su opuesto es la estabilidad emocional. Si puntúas alto en neuroticismo, tienes unas gafas puestas que te hacen ver la vida con más miedo del real. Ansiedad y baja tolerancia al estrés y a la frustración están entre sus características más comunes. Si, por el contrario, te vas más hacia el otro lado, serás de esas personas que no se suelen agobiar en exceso por tener que hacer frente a situaciones en apariencia estresantes.

Apertura a la experiencia. Si puntúas alto, seguramente seas una persona abierta a los cambios, a las novedades, a las nuevas oportunidades. De lo contrario, puede que seas más apegada a lo de siempre, a lo tradicional, a lo conocido.

Afabilidad. Cuando alguien se olvidaba de llevar el bolígrafo a clase, ¿te pedía uno a ti o a otra persona? Si era a ti es porque intuía que eres una persona amable, solidaria y dispuesta a escuchar. Puntúas alto. Si, por el contrario, le decías algo así como: «Fernández, te quedas sin escribir porque no te lo pienso dejar, haberlo metido en la mochila», pues puntúas bajo.

Tesón. Puntúan alto en esta dimensión las personas responsables, cumplidoras, planificadoras, organizadas y autodisciplinadas. Las que les gustan a los editores de libros como este. Si puntúas bajo, no olvides usar la expresión «pero no me comprometo, eh», cuando tu jefe te pida el informe para el jueves.

Extraversión. Y por último está el punto de este capítulo. Las personas que puntúan alto en extraversión son aquellas que se consideran más sociables, las que no paran en casa, las que se apuntan a todos los planes y no están cómodas en soledad. A las introvertidas, que nos caen tan bien como las extrovertidas, las hemos dedicado unas cuantas páginas.

El psicólogo

Yo soy muy introvertido y he aprendido, desde pequeño, a ser muy cauteloso con la sobre-estimulación externa. Sé que, cuando tengo mucho desgaste social, necesito volver a reconectar conmigo mismo. Y cuido mucho esos espacios de «descarga del disco duro». En esos momentos de intimidad dejo volar mi mente sin ataduras. Para eso es esencial que nadie me observe: incluso aunque esté preparando un plan con alguien, si quiero convertir ese espacio en introspectivo, debo estar fuera de la vista de esa persona. Debo abstraerme en mi propio mundo sin que ninguna mirada ajena me siga, dejando mi mente vagar...

En los introvertidos mejor adaptados que he conocido, siempre he visto que tenían una arquitectura vital en la que estos momentos eran posibles y no tenían necesidad de pelearse con los que les rodean para conseguirlos. Creo que es esencial que los introvertidos expliquemos a nuestros seres queridos por qué necesitamos estos espacios. Y les convenzamos de que meternos en nuestro mundo no significa necesariamente alejarnos de ellos: de hecho, muchas veces, podemos utilizar esos momentos para pensar en la persona que está en la habitación de al lado.

La coach

Yo represento la extraversión dentro de nuestro pequeño grupo de imperfectos. Supongo que ha sido un rasgo adaptativo por las situaciones que he vivido, especialmente cuando era niña y adolescente. Me siento cómoda en ella, y la mayoría de las veces suelo salir con las pilas cargadas cuando me relaciono con grupos humanos amplios. Sin embargo, a veces es tal el torrente de emociones que experimento que necesito, como dice Luis, momentos para descargar el disco duro. Esto me permite entender muy bien los silencios que necesitan los introvertidos y respetarlos, porque sé que para ellos es fundamental bajar rápido el ruido y la activación mental extra que algunos compromisos sociales les genera. Si en tu entorno hay introvertidos y tú no lo eres, te recomiendo que empatices e incluso adoptes parte de sus costumbres. El mundo actual tan tecnológico que vivimos (redes sociales, wasaps, reuniones...) exige una sobreexposición que genera demasiado ruido mental para cualquier persona. Tanto si eres introvertido como si no, creo que siempre son necesarios momentos de aislamiento para «afilar el hacha», bajar el ritmo y recuperar fuerzas.

El estudiante

No puntúo en introversión tanto como Luis, pero sí me considero un introvertido ligeramente encubierto. Justo, cuando escribo estas líneas, tengo a mi lado el libro de Psicología de la Personalidad, una de las asignaturas de tercero que cursé el pasado año. Cada vez veo los factores de personalidad con menos miedo. Me explico. Cuando a uno le llega el momento de conocerse, de mirarse al espejo y de ver, con objetividad, cómo suele comportarse en distintas situaciones, puede que la realidad sea diferente al autoconcepto que se había formado. En un mundo donde se considera «chulo» querer probar cosas nuevas continuamente, conocer a nuevas personas, afrontar nuevos retos cada día y destacar en cualquier cosa que hagas, puede ser frustrante darte cuenta de que no te apetece estar todos los días de fiesta, ser el primero en ir a conocer al nuevo jefe del departamento, lanzar tres proyectos de pódcast nuevos al mes y pelear hasta el último punto en cada negociación, sin ceder ni un ápice. Por suerte, el tiempo (y la terapia) te va enseñando a asumir las cartas con las que juegas en la vida. Esas que debes conocer para preparar mejor tu partida. Y, ojo, conocerlas no es limitarse. Puntuar alto en introversión no te va a privar de conseguir metas que socialmente se entienden como «más bien de extrovertidos». Ante esas situaciones nuestras estrategias cognitivas y conductuales serán diferentes a las de los extrovertidos. Asumiendo que somos personas imperfectas, pero que cada día se conocen un poquito más, iremos más tranquilos a las aventuras que protagonicemos. Y, aunque el rasgo de personalidad se asocia a una forma de afrontamiento parecida y mantenida en el tiempo, a unas características que más o menos nos definen, cada individuo puede tener diferentes formas de moverse en cada situación. No somos iguales. Hay personas introvertidas que lideran bandas de rock, presentan telediarios y juegan al fútbol delante de miles de personas. Seguramente, las primeras veces no estén tan cómodas como las extrovertidas, pero cuando den con su estrategia de afrontamiento, todo irá bien.

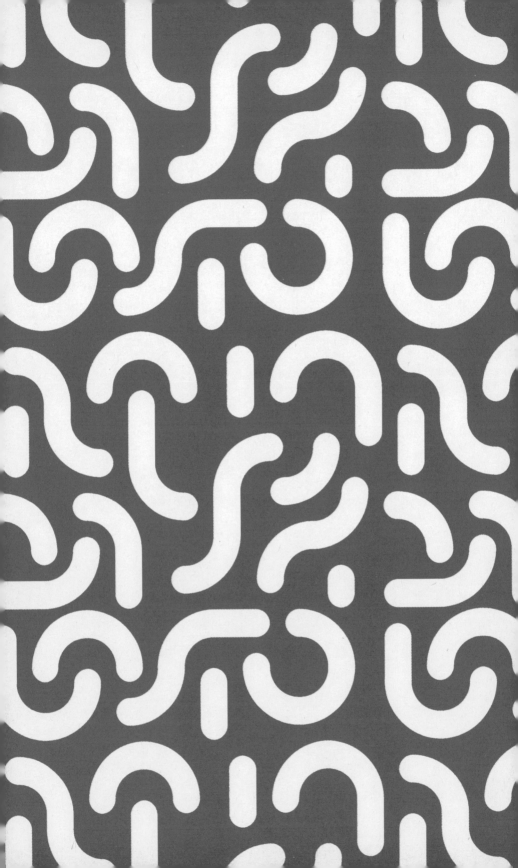

Cambiar de hábitos

El gran tema del crecimiento personal es el cambio. Si lo piensas, prácticamente todos los libros de autoayuda, casi todos los pódcast de psicología (entre ellos, *Entiende tu mente*) y, por supuesto, la inmensa mayoría del tiempo de terapia, están dedicados a la transformación y sus dificultades. Todos sabemos que, si queremos que nuestra vida cambie, tenemos que hacer algo diferente. Pero a los miembros del Club de los Imperfectos nos cuesta mucho cualquier variación de nuestras rutinas vitales: intentamos cambiar y hacer las cosas de otra manera, pero, una y otra vez, volvemos a caer en los viejos hábitos.

Esa tendencia a la inercia es muy natural en los seres humanos, aunque quizá solo la reconozcamos los que no tenemos miedo a enfrentarnos con nuestra sombra. El psicólogo Paul Watzlawick decía que los automatismos cotidianos que nos llevan a darles vueltas a los problemas sin resolverlos son, de hecho, el mayor enemigo del ser humano. Y que, por culpa de esa parálisis por análisis, cuando nos falla una estrategia vital, en vez de implementar nuevos hábitos, lo que solemos hacer es utilizar la técnica «Más de lo mismo». Es decir: volver a hacer lo de siempre, pero con más fuerza o en más ocasiones. Si nuestra pareja no entiende lo que queremos transmitir, se lo gritamos. Si nuestro jefe no valora nuestro trabajo, nos quedamos currando hasta más tarde. Si tenemos agujetas porque no nos da la forma física ni para una pequeña carrera para alcanzar el autobús, descansamos los siguientes días volviendo al sedentarismo. Somos seres imperfectos con propensión a hacer, casi siempre, más de lo mismo. Porque lo más difícil es intentar variar comportamientos que llevamos realizando desde hace años y hemos repetido miles de veces. En este capítulo te ofrecemos ideas que quizá te puedan ayudar a reformar patrones que impiden el crecimiento personal. Échales un ojo, tal vez algunas te resulten útiles.

¿QUÉ SON LOS HÁBITOS?

Los hábitos son aquellos actos de la vida cotidiana que hacemos sin pensar. Son las costumbres, aquello que ejecutamos de forma automatizada, que hemos hecho tantas veces que no necesitamos usar el córtex cerebral para llevarlas a cabo. La mayoría de las veces, el día empieza levantándonos a la hora que suena el despertador, desayunando, duchándonos, vistiéndonos y yendo hacia el trabajo de una determinada manera, sin ser conscientes ni necesitar tomar decisiones para hacerlo. Por ejemplo: no decidimos lavarnos los dientes, no nos preguntamos habitualmente si tenemos ganas o no. Lo hemos hecho tantas veces que para nosotros es una rutina.

Precisamente por ese carácter automático son muy lentos de cambiar. No sabemos, por ejemplo, si alguna vez has tenido que llevar muletas, o por problemas de espalda has tenido que hacer educación postural, o has tenido que aprender a masticar los alimentos de otra forma por algún tema puntual de odontología. Si has vivido situaciones de este tipo, fijo que habrás visto el largo esfuerzo que supone cambiar tu costumbre anterior. Y también habrás comprobado que, una vez que has conseguido automatizar la nueva rutina, te cuesta volver a la antigua si necesitas hacerlo.

El carácter inconsciente de estas pautas repetidas mil veces hace que, cuando nos planteamos ciertos cambios vitales, no nos demos cuenta de que eso también supone un cambio de hábitos. Por ejemplo: queremos intentar comer de forma sana, y no nos planteamos que eso supone un montón de automatismos: el tipo de platos en el que nos servimos, la forma en la que hacemos la comida, el tiempo que le dedicamos a este tema, etcétera. Si somos conscientes de la lentitud con la que los seres humanos cambiamos estos automatismos, nos resultará más fácil tener la paciencia suficiente para emprender el objetivo final.

¿CUÁNTO DEMORA EL CAMBIO DE HÁBITOS?

Aunque ningún fenómeno psicológico se puede cuantificar, en este caso concreto te vamos a dar cifras para que te hagas a la idea de la lentitud del proceso. Quizá hayas oído la cifra de 21: hay programas de televisión, libros y pódcast que la utilizan continuamente. Tiene una cierta base científica, porque hay experimentos que llegan a la conclusión de que ese es el número de repeticiones que necesitamos para instaurar un hábito nuevo. Imagina, por ejemplo, que quieres empezar a ducharte por las mañanas en vez de por la noche, porque piensas que así empezarás el día con más energía. Un buen cálculo es que necesitas tres semanas, día a día, para convertir esa rutina en un automatismo mental. En el momento en que «falles» un par de días seguidos, la cuenta comienza de nuevo. Y aquí estamos hablando de un hábito concreto, piensa en el tiempo que debes esperar con cambios más complejos que involucran varias rutinas vitales a la vez.

A los seres humanos no nos gusta pensar en ello, pero la inmensa mayoría de lo que hacemos son conductas automáticas que pautan nuestro día a día, pero en las que nunca pensamos. En realidad hay miles de experiencias que nos deberían hacer reflexionar sobre la importancia de esa estructura cotidiana. Así, los miembros de *Entiende tu mente* hemos comentado alguna vez entre nosotros lo difícil que es leer libros sobre tu profesión cuando ya has terminado la formación académica. Mientras estudiábamos, nos hemos dicho a nosotros mismos: en cuanto me licencie, voy a profundizar en este tema o en este autor. Y tras acabar la carrera, prácticamente no hemos cogido ningún libro sobre nuestra área de trabajo con la intención de aprender de él (tomando apuntes, haciendo fichas, subrayando lo importante, etcétera). La razón vuelve a ser la misma: estudiar es un hábito, cuesta un montón adquirirlo y solo se hace por la presencia de exámenes. Una vez que perdemos el automatismo, y cultivarnos sería una decisión consciente, es muy difícil llevarla a cabo.

A pesar de que la costumbre gobierna nuestra vida preferimos creer, sin embargo, que todo lo que llevamos a cabo en nuestra rutina parte de una decisión consciente a la que sigue un esfuerzo dirigido. ¿Y si fuéramos más humildes y, en vez de centrarnos tanto en la toma de decisiones épica que nos suele llevar irremediablemente a la culpa por no haber cumplido lo que nos proponíamos, concentráramos nuestros esfuerzos en el cambio de hábitos? Se trataría de alejar tentaciones que nos pueden llevar a los automatismos antiguos y afrontar los cambios con tolerancia a la frustración, sabiendo que vamos a caer de vez en cuando, pero al final conseguiremos nuestro objetivo. En suma, en vez de intentar hacer todo a base de hacer lo que queremos en cada momento y replantearnos por qué no lo conseguimos, trataríamos en muchas cosas de querer lo que hacemos. Pitágoras lo proponía en su lema: «Elige la mejor forma de vivir, que la costumbre te la hará agradable».

CAMBIO DE HÁBITOS Y MOTIVACIÓN

Casi un cincuenta por ciento de las cosas que hacemos en nuestro día a día son un hábito; es más, esa automatización es la que hace que no tengamos que aplicar apenas esfuerzo a ello. Por eso nos resultan tan sencillas de hacer las cosas que ya son un hábito para nosotros. Y por eso también, cuando queremos cambiar un hábito, más vale que lo sustituyamos por otro, porque eso de quitarnos un hábito y dejar un vacío ahí es mucho más difícil de conseguir.

Al final el hábito va vinculado a una creencia. Hacemos una

cosa y la volvemos a repetir, y con la repetición se queda interiorizada y creemos en ella, confiamos plenamente en que está ahí y va a seguir estando ahí. Así pues, si quiero cambiar algo, es posible que la clave no esté en eliminarlo, sino en sustituirlo por otra forma de hacer las cosas, porque ese nuevo comportamiento nos va a generar una nueva creencia y nos va a llevar a unos nuevos resultados. Lo más interesante es que, al final, estos comportamientos repetitivos siempre necesitan una motivación.

Si volvemos al ejemplo de los libros de la carrera, efectivamente, cuando estás estudiando cuentas con una motivación porque tienes un reto que alcanzar. Cuando has acabado los estudios, ese reto ya no está y te falta esa fuerza para repetir, repetir y repetir, y que eso se configure en un estilo de comportamiento diario. Por lo tanto, necesitamos motivación, necesitamos perseverancia, necesitamos generarnos una nueva creencia cuando queremos cambiar un hábito por otro, y esto tiene muchísimas ventajas. Entre ellas la de hacernos creer que controlamos nuestra vida, aunque en realidad no sea así, ya que lo cierto es que las cosas no ocurren por nuestro control, sino por los automatismos. Esto es una paradoja, pero al final tenemos control porque estamos sistematizando un comportamiento, y esa sistematización nos lleva a que hacemos lo que queremos porque lo hacemos y, como consecuencia, en esa medida, controlamos nuestra vida.

Es importantísimo tener una motivación, un propósito y algo de disciplina. Y debemos dejarnos el espacio para sentir. Los hábitos no se piensan, pero sí se alcanzan porque sientes la motivación para llegar a ellos, es decir, tienes muchas ganas de algo, lo que sea que quieras conseguir. Y esas ganas te ayudan a repetir algo con facilidad de un modo muy eficaz.

Como ves, esta forma de afrontar los cambios, que acepta la importancia de los hábitos, nos trata con humildad a nosotros mismos. En vez de insistir en las decisiones épicas que acaban a menudo en sentimiento de culpa por no haber tenido la fuerza de voluntad necesaria para cumplirlas, se centra en el día a día cotidiano y falible. Eso supone, antes de planificar un cambio vital radical, asumir nuestras fuerzas, pero también nuestras vulnerabilidades, nuestra motivación en ciertas áreas (y nuestra carencia de impulsos en otras). Y, sobre todo, nuestra historia personal de éxitos y fracasos. El error más habitual del pensamiento utópico y poco realista es no contar con las recaídas en rutinas vitales anteriores. En realidad no empezamos a transformar nuestra vida hasta que superamos la primera recaída en hábitos antiguos. Las personas que consiguen cambiar suelen ser aquellas que introducen los desliz es en su planificación y tienen previsto un protocolo de actuación para retomar el camino.

Por eso queremos añadir otro factor a este tema del cambio de hábitos: la planificación. Si no contamos con una pequeña estructura de vida, si dejamos el futuro abierto al azar, parece difícil que podamos controlar nuestros cambios de hábitos. Para cambiar rutinas vitales (hacer más ejercicio, controlar el tiempo que dedicamos a redes sociales, pasar más tiempo en familia, etcétera) necesitamos una sistemática. Una agenda de cualquier tipo, por ejemplo, ayuda porque, además de tener esa estructura en la cabeza, nos permite verla. Sacar las cosas de nosotros mismos, de nuestro cerebro, y proyectarlas en un papel, en una app o en un corcho donde pinchamos las cosas nos ayuda a no procrastinar... o por lo menos, a posponer al día siguiente aquello que no hemos hecho hoy, pero volviendo a tenerlo presente. Además nos sirve para medir realmente qué hemos cumplido y qué no.

El psicólogo

La experiencia terapéutica me dice que, a la hora de introducir una nueva práctica, es importante ser consciente de los beneficios secundarios de la anterior. Habitualmente, cuando introducimos una costumbre, tendemos a pensar que todo van a ser beneficios y no vamos a perder nada. Y ese pensamiento idealista nos lleva a fracasar porque no hemos sido conscientes de la necesidad de sustituir lo que nos gustaba de lo anterior por nuevos refuerzos. Por ejemplo, si queremos empezar a comer de forma más saludable, debemos tener en cuenta que los excesivos hidratos de carbono que ingeríamos hasta ahora nos estaban proporcionando placer. Si queremos tener un trabajo más retador e importante, debemos renunciar a la dejadez que nos pudimos permitir en empleos con menos responsabilidades. O si decidimos hacer deporte al volver del trabajo, es importante que seamos conscientes de que los hábitos sedentarios —como, por ejemplo, descansar de la jornada laboral viendo series— eran, hasta ahora, una rutina que disfrutábamos por alguna razón.

Muchas personas acuden a terapia pensando que cambiar va a ser muy fácil porque lo que hacían antes era un desastre y no les proporcionaba ningún bien. Enseguida se dan cuenta de que ese pensamiento utópico es irreal: si hemos mantenido un hábito mucho tiempo es porque nos proporcionaba beneficios secundarios. Se trata de ser conscientes de que vamos a sustituir esos refuerzos por otros nuevos que nos apetecen más en este momento de nuestra vida. Y para eso es ideal hacer una lista de los placeres que nos proporcionaban los hábitos anteriores y los que nos van a traer los nuevos.

La coach

En procesos en los que es necesario un cambio de hábito y no tenemos mucha motivación para hacerlo, que es lo que nos suele pasar a quienes somos imperfectos, suelo sugerir usar nuestra imaginación. ¿Cómo? Pues imaginándonos en la nueva situación que anhelamos, pero no solo «viéndonos», sino poniendo al servicio de nuestra imaginación todos nuestros sentidos o el mayor número de ellos que sea posible. Te pongo un par de ejemplos. Si quieres cambiar tu estilo de alimentación, prueba a cerrar los ojos y darte unos minutos para verte comiendo los nuevos alimentos. Observa sus colores, recupera la sensación que te produce masticar esas nuevas texturas y cómo percibes sus olores. Y, por supuesto, visualiza en tu imaginación cómo te sientes de bien, esa sensación de sentir tu cuerpo en calma, sin el estrés que actualmente te causan ciertos alimentos.

Ahora pensarás que con la comida es muy fácil imaginar los estímulos que te llegan por cada uno de tus cinco sentidos, pero ¿cómo hacerlo cuando el cambio de hábito no es tan «sensitivo»? En el fondo, cada nueva rutina es perceptible, y esto significa que somos capaces de tener sensaciones asociadas a ella. Pongamos el segundo ejemplo, dejar de estar todo el día consultando el móvil. Imagina que te encuentras en algún lugar que te gusta (puede ser real o no, quizá algún sitio donde nunca hayas estado, pero que te encantaría conocer), disfrutando del entorno, solo o en compañía (como más te guste). Imagina lo que sentirías, las conversaciones, el ambiente, los sonidos, sin interrupciones, relajado, sin la esclavitud de tener que estar pendiente del móvil. Recréate en esos momentos y en lo bien que te sientes. Quizá ahora sea un buen momento para vincular tu motivación a ese nuevo hábito, y sacar de ahí la fuerza para empezar la sustitución que te hemos comentado en este capítulo, porque con la visualización ayudas a generar creencia y con la motivación aportas la dosis de energía necesaria para la materialización y repetición de esa creencia.

El estudiante

¿Qué vas a hacer ahora para instaurar un nuevo hábito? Seamos sinceros, la mayoría de los nuevos hábitos que queremos implantar en nuestra vida se quedan en la lista de propósitos para el nuevo año. En este capítulo te hemos dejado ideas interesantes. Te recomiendo que las completes con las que leerás en el episodio sobre la motivación que viene justo a continuación. Pero, no nos engañemos, al final, aquí solo hay ideas. Ideas que pueden ayudarte a planificar tu camino hacia nuevos hábitos saludables, pero que no van a hacerte el trabajo. Y, sí, sabemos por experiencia que es muy tentador activar el modo: «Pensar que ya lo tenemos todo preparado para empezar, tal vez, la semana que viene». Sin embargo, los cambios de hábitos, al menos como yo lo veo, son una consecuencia, no un objetivo. Así que planifica para hoy, empieza ya, y si sumas muchos «hoys» y «ahoras», un buen día habrás instaurado ese hábito. Así que vuelvo a la primera pregunta: ¿qué vas a hacer AHORA para instaurar un nuevo hábito que merezca la pena? Si ese hábito va contigo y conectas con la motivación adecuada y genuina, tendrás más posibilidades de conseguirlo. Si no, como el GPS cuando no alcanza su destino, habrá que reprogramar el trayecto o, quién sabe, tal vez buscar otro objetivo.

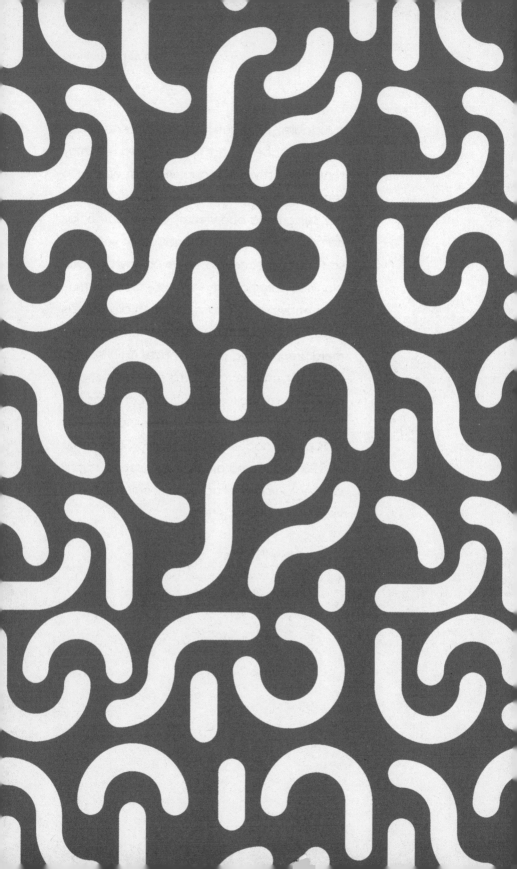

Motivación

Comencemos este capítulo con una lista de frases que escuchamos cada día. A ver si te suena alguna: «No voy al gimnasio porque no estoy motivado», «Estoy motivadísimo con este nuevo hobby», «Ir a la fiesta de Juan no me motiva», «El profesor nuevo de matemáticas sí que sabe motivar a los niños», «Ya no tengo tanta motivación como antes». Usamos la palabra motivación prácticamente cada día, pero tal vez hasta ahora no hayas dedicado unos minutos a leer sobre ella con calma y conocer a fondo lo que hay detrás de estas diez letras.

¿QUÉ ES LA MOTIVACIÓN?

La motivación es uno de esos conceptos que todos sabemos qué es pero que resulta muy difícil de definir. Podemos aproximarnos a la idea recordando que es la capacidad de focalizar nuestra atención y nuestro esfuerzo en conseguir determinados objetivos. O que es la chispa que enciende nuestras ganas de afrontar un reto. Seguro que también te has planteado el concepto como el impulso que te lleva a completar las tareas y a superar obstáculos. Y hay quien lo recuerda, sobre todo, como aquello que lo mantiene en la dirección que lleva a la meta que persigue. Sin embargo, muchas de esas definiciones quizá parezcan un tanto abstractas... ¿Basta con tener un poco de ganas de algo para estar realmente motivado? De hecho, etimológicamente, el concepto es más potente: la palabra deriva del latín *movere*, que podemos traducir como moverse. Ahí hay algo más de vidilla, ¿verdad?

Vamos a intentar delimitar el concepto entendiendo la motivación como un ciclo. Imagínate que partes de una necesidad (¿amor, hambre, poder, sexo, atención, contribución?). Esta crea un estado de excitación que impulsa a tu cuerpo y a tu mente a reducirla y por eso sientes un impulso psicológico: quieres recuperar tu equilibrio. Miras alrededor y encuentras incentivos (¿personas, situaciones, empresas, relaciones, sustancias?) que, por tu experiencia anterior, sientes que pueden satisfacer tus necesidades. Así que te pones en marcha ¡y a por ello!

Hasta aquí parece todo relativamente sencillo. Si la motivación consistiera solo en detectar necesidades, impulso, búsqueda de incentivos y satisfacción, nuestra vida sería muy sencilla. Pero los seres humanos somos más complejos. A veces falla nuestro conocimiento de los motivos: no somos conscientes de qué nos falta. En otras ocasiones, los incentivos no aparecen o no los sentimos como alcanzables, por lo que bajan nuestras expectativas, es decir, la esperanza de alcanzarlos y, por ello, dejan de motivarnos. Puede suceder que los pasos que damos para alcanzar el incentivo no nos lleven al éxito y caigamos en el síndrome de indefensión: no nos planteamos conseguirlo, porque no creemos que sea posible. Incluso, para complicarlo más aún, a veces ejecutamos los actos adecuados y alcanzamos nuestro objetivo, pero no nos produce la satisfacción que creíamos que alcanzaríamos. Por eso es tan difícil definir la motivación. Los seres humanos la vivimos de una manera compleja. En este capítulo vamos a intentar encontrar entre todos algunas ideas que nos sirvan para desenredar esta madeja.

¿Y tú, cómo vas de motivación? En conversaciones con amigos te encontrarás que muchos se lamentan de que les falta motivación. Seguro que a ti, como persona imperfecta, también te ha pasado. Luis tiene su propia teoría, que ya ha contado en algún pódcast, y que se basa en que la motivación auténtica, a la que se refiere la mayoría, debe ser un impulso intrínseco, es decir, algo que sale de dentro hacia fuera y no al revés. Para Luis, si el impulso que nos mueve es extrínseco, «¡no hay motivación!». Así que tal vez tratar de motivar a los demás, persuadirlos, te permita conseguir sacar de ellos lo que quieres; pero puede que no sea la mejor opción. Si quieres conocer más sobre esta teoría, sigue leyendo. ¿Estás motivado para leer un poco más?

_____ MOTIVACIÓN EXTRÍNSECA

Vamos a explicarte brevemente en qué consiste la motivación extrínseca contándote un experimento, el de Erwin y Ferguson. Los participantes fueron doce alumnos, deseosos de aprobar la carrera de Psicología, que se dividieron en dos grupos. Uno de ellos estuvo toda la jornada lectiva sin probar un bocado (doce horas). Debieron de pasarlo mal en la hora de la comida. Los otros seis no se privaron de sus táperes y de la habitual visita a la cafetería. Al terminar el día se les propuso a todos los participantes realizar una tarea con premio para quienes lo hicieran mejor. El premio era comestible, y los estudiantes sin táper realizaron mejor las tareas que los que habían podido comer durante la jornada. Pues eso es la motivación extrínseca, y funciona. Funciona mientras haya una recompensa externa que quieras o necesites. Nos movemos, pero no de forma natural, sino «artificial».

_____ MOTIVACIÓN INTRÍNSECA

Para Luis, esta es la única motivación real. Es la que nace de dentro. La que nos produce satisfacción por el mero hecho de implicarnos en la realización de esa tarea que nos resulta atractiva de por sí. Puede que nos cueste esfuerzo y energía, pero aun así nos apetece. Por ejemplo, Luis está motivado intrínsecamente para explorar nuevas experiencias, para cuidar de los suyos (motivación de afiliación) y para el hedonismo (disfrute vital sin objetivos). A Mónica le encanta todo lo que suponga un reto, un desafío, ya sea desarrollar un nuevo producto de software o un nuevo proyecto de _coaching._ Y Molo quiere crear contenidos, contar cosas, comunicar. Como ves, son motivaciones donde la mera ejecución de la tarea es la recompensa.

Mucha gente intenta motivar a los demás, que adopten como propia una motivación externa. ¡Que quieran lo que nosotros queremos que hagan! Pero ¿y si eso no fuera imposible? ¿Y si los otros solo pueden conseguir que hagamos cosas, pero «no que esas cosas nos motiven»?

Tal vez lo que entendemos por motivación extrínseca tenga que ver más con las teorías conductistas. ¿Recuerdas al perro de Pavlov? El científico ruso conseguía que el animal segregara saliva sin el alimento delante, pero la motivación real del perro seguía siendo la misma: comer un trozo de carne. A esa teoría se la conoce como el «condicionamiento clásico». ¡Y funciona! Pero ¿de verdad queremos estar «motivados» de forma condicionada?

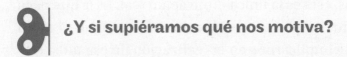 ## ¿Y si supiéramos qué nos motiva?

Desde que somos niños se nos trata de motivar. El mensaje que nos llega de nuestros padres y educadores puede ser similar a este: «Tienes que estudiar matemáticas, leer el *Quijote* y jugar al tenis. ¿No te apetece? Bueno, pues entonces te motivaré con refuerzos. Te animaré prometiéndote o bien premios si haces lo que te pido, o dándote la posibilidad de evitar el castigo que te caerá si no lo haces. Pondré en práctica recompensas y sanciones, y así conseguiré hacer de ti una persona de provecho». Vale, puede que lo hayamos escrito de forma demasiado exagerada, pero más o menos esa es la forma de educar que hemos vivido un buen porcentaje de la población. ¿Funcionaba? Sí, nos leíamos el *Quijote*, aprendíamos a hacer derivadas y mejoramos nuestro golpe de revés. Y según pasaban los años íbamos tomando esas motivaciones ajenas como propias para convertirnos en «personas de provecho». Hasta tal punto que en muchas ocasiones, y aquí hablamos por los tres, olvidábamos aquello que realmente nos movía, aquello que «nos motivaba de manera intrínseca».

Y la pregunta que te hacemos ahora es: ¿y a ti qué te motiva? Piensa en ello, echa la vista atrás y mira lo que ha sido tu vida hasta ahora. ¿Qué has estado buscando? ¿Para qué haces lo que haces? Por ejemplo, en tu vida laboral, lo que te da pilas puede ser: un proyecto estimulante, quedar bien delante de tus compañeros, ganar dinero, ayudar a los demás (o, más sencillo, no hacer daño a nadie con tu trabajo), rutina y automatismo, diversión, no decepcionar las expectativas de tus padres, no saber qué hacer con demasiado tiempo libre, lo bien que te llevas con tus compañeros de trabajo... Fíjate si hay posibilidades.

Nosotros tres coincidimos en que no «estábamos motivados» porque habíamos dejado de mirarnos al espejo. Llevábamos tantos años cumpliendo expectativas ajenas con motivaciones extrínsecas que ya no sabíamos qué teníamos dentro, qué nos llenaba. Y no fue hasta que el paso del tiempo nos llevó a dejar de mirar siempre fuera y empezar, al menos de vez en cuando, a mirar dentro. Bueno, y ahí seguimos, como personas imperfectas que están en el camino de trabajar en aquello que ya aparecía escrito en el templo de Delfos hace miles de años: «Conócete a ti mismo». Como ves, el ser humano tampoco ha evolucionado tanto, y seguimos teniendo que apuntarnos notitas para recordar lo esencial, ahora lo hacemos en cuadernos, y antes, en muros de piedra.

Una parte importante dentro del autoconocimiento es la que centra este capítulo: saber qué te mueve. ¿Lo sabes? En el mundo en el que vivimos suele confundirse la motivación en general con una en particular: la motivación de logro. Es como si lo único que nos pudiera llevar a ponernos en marcha fuera alcanzar un logro. Algo que requiera esfuerzo, sacrificio, nos llene de orgullo y sume puntos a nuestra autoestima. Esa motivación, la de logro, que tienen algunas personas de forma intrínseca, te permite superar obstáculos, subir en el escalafón de tu empresa, conseguir destacar en un área concreta. Puede que entre una o dos personas de cada diez tengan esta como su motivación principal, de forma natural e intrínseca. Son aquellas personas a las que si les pones un reto van a ir a por él sin dudar. Se mueven por objetivos desafiantes. Seguramente, a estas alturas, ya habrás identificado a uno de nosotros que tiene este tipo de motivación de forma natural. ¿Pero qué pasa con los otros ocho o nueve de esa lista de diez?

_____ TIPOS DE MOTIVACIÓN. ¿CUÁL ES LA TUYA?

No hay persona sin motivación, pero sí hay muchas personas que no saben cuál es la suya. Y te podemos decir, además, que muchas personas cuentan con más de una de forma natural. Aquí te dejamos una lista de las principales, tal vez así puedas identificar algunas de las que te mueven a ti en concreto:

• **Motivación de logro**
Se relaciona con la tendencia a esforzarse por conquistar el éxito con relación a un determinado nivel de desafío. Su recompensa es el propio reto, llegar a él y conquistarlo.

• **Motivación de exploración**
Lleva a las personas a aprender continuamente, mostrarse creativas y explorar el entorno para saber cómo es el mundo y cómo funciona. Parte de una gran necesidad de variedad y estímulo intelectual, de la aversión a la rutina.

• **Motivación de afiliación**
Se trata de la fuerza que nos lleva a la búsqueda de relaciones afectivas con un grupo reducido de personas (¿familia, amigos?), a las que nos sentimos impulsadas a cuidar y dejamos que ellas nos cuiden.

• **Motivación de poder**
Se caracteriza por la necesidad de influir en la opinión de otros para que lleguen a compartir nuestras ideas o en la conducta de los demás para que sea la que nosotros hemos decidido.

● **Motivación de independencia**

Las personas que buscan la autonomía son de las que piensan que «más vale estar solo que mal acompañado», esto es, prefieren seguir su propio criterio y huyen de cualquier acuerdo grupal que asocien con el pensamiento gregario.

● **Motivación hedonista**

Es la que nos otorga la capacidad de disfrutar de placeres sencillos —como una buena comida o una buena puesta de sol—, pero también de la estimulación intelectual o de las sensaciones más complejas. Por eso es un tipo de motor vital que suele incluir la aversión al esfuerzo sin recompensa, al sobreesfuerzo inútil o al estrés innecesario.

● **Motivación de contribución**

Es el impulso que nos lleva a ayudar a los demás de una forma discreta, sin intención de cambiar decisivamente su vida. Cuando se siente, incluye la propensión a echar una mano puntual a una gran cantidad de personas.

 ## Diferencia entre objetivos y motivaciones

Es importante que conozcas tu motivación. Es la que te va a ayudar a alcanzar tus objetivos. Porque no es lo mismo un objetivo que una motivación.

Como somos de contar nuestras aventuras, vamos a contarte cómo alcanzamos un objetivo que se nos resistía cuando conectamos con nuestra motivación.

Molo tardó en terminar sus estudios de Comunicación muchos años (sí, más de diez y más de quince). Se convirtió en un experto en suspender y posponer. Había años donde se matriculaba de dos asignaturas y otros en que no tomaba ninguna. Es cierto que trabajaba en la radio desde los dieciocho y nunca le pidieron tener el título universitario para contratarlo. El caso es que no tenía ninguna motivación para terminar la carrera y, es más, pensaba que nunca lo iba a conseguir, que aprobar la carrera era imposible para él (suspendió algunas asignaturas hasta tres o cuatro veces). Cuando dejó la radio, y estando en un país extranjero, le llamó la atención que un título universitario le pudiera abrir muchas puertas, a diferencia de lo que había vivido durante su carrera profesional. Así que retomó los estudios, pero con una particularidad: lo hizo a distancia. Llegaron las mejores notas, y en pocos meses terminó la licenciatura. Le motivaba aprender, pero odiaba ir a clase. Le parecía una pérdida de tiempo, aprendía poco y le resultaba cansadísimo prestar atención y tomar apuntes. Cuando acabó, decidió seguir estudiando de la misma manera y ahora está cursando, a su ritmo y a distancia, la carrera de Psicología. Tiene motivación de aprendizaje, pero de forma autónoma y sin tener que seguir el ritmo de los demás. No le motiva el título (lo que sería motivación de logro), sino aprender. De hecho, le encanta comentar con sus amigos todo aquello que le llama la atención. Está motivado para aprender y contar lo que aprende. Si no hubiera conectado con esa motivación intrínseca, tal vez no habría terminado la carrera, no se habría lanzado a estudiar Psicología y no tendríamos *Entiende tu mente*. Un objetivo, sin conectar con tu motivación es, cuando menos, más difícil de alcanzar.

A Mónica le gusta aprender cosas nuevas. Una de sus frases favoritas es que el día que deje de estar interesada en aprender, el día que no sienta curiosidad, probablemente estará de retirada. Esto la ha llevado en muchas ocasiones a tomar decisiones profesionales y personales que su entorno no siempre ha entendido. Por poner un ejemplo profesional, basta mirar su perfil en LinkedIn para ver que ha pasado por unas cuantas empresas y unos cuantos sectores profesionales diferentes. En todos los casos, sin excepción, la decisión de pasar de un lugar al siguiente ha sido completamente personal. A muchos nos podría parecer estresante esta sucesión de cambios por voluntad propia: a ella, sin embargo, le resulta muy estimulante. La posibilidad de cambiar de una actividad profesional a otra radicalmente diferente y en la que empieza de cero supone una oportunidad de aprendizaje muy grande. De hecho, tienes que aprenderlo casi todo, con excepción de aquellas cosas que la propia experiencia te libera de aprender. En esta motivación de exploración es donde reside en realidad la fuerza del cambio. Cualquier cambio en la vida requiere hacer uso de ingentes dosis de energía, pero cuando conectas con tu motivación (de exploración), esa energía proviene de la ilusión que te hace no mirar hacia las dificultades y las incertidumbres y centrarte en lo que de verdad te hace disfrutar y fluir: explorar.

A Luis lo que le mueven son, sobre todo, cuatro impulsos, que va alternando por etapas de su vida. Uno de ellos es el disfrute: construir una arquitectura vital de placeres cómodos y estimulantes, mariposeando por la vida con espíritu bohemio. Otra de sus motivaciones es la de echar una mano a los demás sin grandes sacrificios, aportando de vez en cuando aquello que mejor se le da y canalizándolo en ayudar un poco (sin crear necesidades) a aquellos a los que les pueden servir sus capacidades. También le mueve la exploración: vivir pequeñas nuevas experiencias cotidianas que le hagan pensar y sentir. Por último, hay una motivación de cuidado hacia los suyos: le gusta proteger y sentirse protegido por unas cuantas personas elegidas.

Y volvemos a esa pregunta recurrente que te estamos formulando: ¿cuál o, mejor dicho, cuáles son tus motivaciones? En este mundo de vivir tanto hacia afuera, y más en culturas basadas en el éxito personal, como las que se han ido imponiendo en las últimas décadas, se nos ha transmitido que las únicas motivaciones válidas eran las de poder (tener mucho dinero o seguidores en redes sociales), reconocimiento (ser considerado como mejor que la media en algo) o logro (alcanzar un reto que nos haga ver que somos capaces de llegar a un objetivo que requiere esfuerzo y tenacidad). ¿Y qué pasa si en el fondo de tu corazón no resuena ninguna de estas? Asúmelo, puede que sí tengas motivación de logro o puede que no. ¿Te pusiste el reto de dedicarle más tiempo al deporte y cuidar tu alimentación, y sigues igual que el año pasado? ¿Qué ocurre cuando tratas de «motivarte» con las motivaciones que a otros les funcionan muy bien, pero que a ti no? ¿Cómo es posible que los demás lo logren siguiendo estos pasos y tú —y nosotros— seamos incapaces? ¿Somos diferentes? Desde luego que sí, tenemos diferentes motivaciones. Ni mejores ni peores. Otras. Cada persona las suyas. Si miras atrás, verás que lo más seguro es que hayas conseguido bastantes OBJETIVOS en tu vida. A veces nos cuesta verlos, pero si somos sinceros con nosotros mismos, veremos esa lista de metas alcanzadas. Y la pregunta es: ¿de dónde sacaste la fuerza para perseguir aquellas que más satisfacción te han dado? ¿Qué te movió para salir un día a buscar ese trabajo, a terminar un curso, a conocer a esa persona, a...? Pues aquí está el quid de este capítulo. Es un hecho que, como persona perfectamente imperfecta que eres, tienes dos o tres motivaciones. Y, por suerte, en el mundo en el que vivimos hay muchos objetivos alcanzables con tus motivaciones naturales. Aun así, se nos va a seguir premiando con incentivos para que realicemos acciones que son beneficiosas para otros. Esos incentivos suelen ser económicos. Y aquí viene un dato que tal vez no conocías y que te ayude a ver la importancia de conectar con esa motivación intrínseca: ¿conoces la «paradoja del incentivo»?

LA PARADOJA DEL INCENTIVO

Hagamos un viaje. Nos situamos en la Universidad de Stanford, en el año 1953. Un equipo de psicólogos sociales se predispone a investigar sobre cómo afectan las recompensas cuando lo que hacemos ya nos gusta. Es decir, hasta ese momento se había estudiado cómo afectaban las recompensas para que hiciéramos cosas que no nos apetecían (las ratas de laboratorio no querían pasarse su vida en laberintos, pero tomar agua con azúcar al llegar a la meta las animaba a recorrerlos). ¿Pero qué pasa si nos premian por hacer algo que ya nos gusta?

Para extraer los datos, dividieron en tres grupos a una selección de niños (de entre tres y cinco años) que, cómo no, disfrutaban pintando. Al primer grupo le prometieron un premio si dibujaban, al segundo le dieron libertad para hacer lo que quisieran y a los del tercero también les dejaron libertad, pero premiaron sus dibujos sin haberlos avisado antes. Recapitulando, teníamos a un grupo que esperaba premio si pintaba, otro que no esperaba nada y tampoco iba a recibir nada; y un último al que le sorprendieron con premios por pintar, sin avisar.

La pregunta que se hacían los investigadores era: ¿qué pasará después de la intervención? Así que tras unos días se reencontraron con los niños y vieron algo que les llamó la atención. Los dos grupos a los que se dio libertad, tanto el que recibió una recompensa no esperada como el que no recibió ni unos Sugus por emular a Tiziano, seguían disfrutando con sus lápices de colores y pintando por placer. Pero el grupo al que incentivaron con un premio había dejado de mostrar tanto interés por pintar. Seguían dibujando, pero menos cantidad y sus dibujos estaban peor elaborados.

La conclusión de este estudio es que si hay algo que hacemos de forma intrínseca y se nos intenta, además, motivar de forma extrínseca, puede afectar de manera negativa a la ejecución. ¿Explicaciones? Si la persona cambia su foco y, en vez de realizar una acción que le apasiona por el mero hecho de disfrutarla, se pone a ello con el objetivo de conseguir una recompensa, la motivación pasa de intrínseca a extrínseca. Y, seguramente, empeore su ejecución, ya que cuando nos movemos solo por la recompensa solemos ser más prácticos, menos creativos y, en muchos casos, nos conformamos con cumplir el mínimo exigido.

Claro que si eres un jefe malísimo pensarás ¡qué bien!, pues mejor no recompensar. Para nada. Tienes que estar muy contento si tienes en tu equipo a personas que aman lo que hacen de forma natural. Te darán más de lo que les pidas y tu empresa crecerá. ¡Cuídalos! Entre las recompensas que no dañan su motivación intrínseca están las que podemos englobar como sueldo emocional (hacerles ver, de forma genuina, que valoras e incluso admiras su trabajo y ponerles las herramientas para que lo hagan de la mejor manera posible) y los incrementos justos, pero no por metas que ya persiguen de forma genuina, sino inesperados y a posteriori. Sí, ya sabemos que no se estila mucho, pero ¿te imaginas que tu jefe te llama un día, te dice que haces un trabajo increíble y que tienes un aumento de sueldo por hacer lo que haces tan bien? Ahí dejamos la idea por si lo leen tus jefes. Aquí, si Molo no lo dice revienta, pero a él le encantaba trabajar en la radio, habría seguido si hubiera tenido más apoyo y le hubieran dado unas condiciones justas... Había motivación intrínseca, pero no se sentía tratado de forma justa. Una vez más, mirándolo por el otro lado, esa fue la chispa que le llevó a dejarlo todo y aventurarse en el mundo de los pódcast. Así que gracias a esos jefes que no habían leído nada sobre la motivación intrínseca y cómo cuidar a las personas que aman lo que hacen, aquí andamos escribiéndote.

Siempre queda la otra opción, igual de respetable, la de moverse solo por el incentivo. Todos lo hemos hecho y lo seguimos haciendo. Hay trabajos que desempeñamos para pagar las facturas, hay personas a las que no les decimos lo que pensamos de ellas (y ganas no nos faltan) porque a lo mejor tienen en sus manos la decisión de si tu hijo aprueba o no las matemáticas. Sí, también nos movemos por recompensas, ¡no todo es motivación intrínseca!, pero sí es la única que, para nosotros, es realmente natural.

Y como buenos imperfectos, sobra decirlo, pero no solo conectando con tu motivación intrínseca vas a conseguir todos tus objetivos. Suele haber barreras, factores que no dependen de nosotros. Por eso, salvo que contemos con objetivos en los que podamos tener cierto control sobre las necesidades para llevarlos a cabo, las habilidades necesarias y el entorno adecuado, nos costará más tiempo... o tal vez no los consigamos. Pero conectando con tus motivaciones intrínsecas es la mejor forma para empezar el camino.

¿CÓMO DEBE SER UN BUEN OBJETIVO?

Si conseguimos conectar desde la motivación intrínseca con un buen objetivo, todo será más fácil. Si tu objetivo es terminar los estudios para que tus padres dejen de presionarte (lo que sería una motivación extrínseca, basada en evitar un castigo), todo se pone cuesta arriba. Si caes en que tienes motivación de exploración, te encanta viajar y que si apruebas podrás irte en verano a conocer un país nuevo, la cosa cambia. El objetivo es el mismo: aprobar. La motivación es diferente.

Hemos hablado mucho de la motivación intrínseca, pero poco de los «buenos objetivos», que podemos alcanzar con la chispa y la motivación adecuadas. Aunque, claro, tenemos que ser bastante cuidadosos cuando nos planteamos objetivos, porque si no están bien organizados y estructurados, no deberíamos sorprendernos si con una motivación intrínseca a prueba de bombas aún nos cuesta alcanzarlos. Siempre nos han dicho que, en lo que se refiere a los objetivos, hay que ser listos a la hora de plantearlos, es decir, SMART en inglés. Sin embargo, a nosotros nos parece que podemos ir un paso más allá, para que seamos eficientes y eficaces a la hora de plantearlos y hacerlos más completos, lo que podríamos decir SMARTER. Pues fíjate, quédate con esta palabra porque cada letra te va a dar una pista de cómo tiene que ser un buen objetivo:

- e**S**pecífico: Trata de ser muy concreto en lo que persigues con ese objetivo, acota su alcance hasta que no te quede ninguna duda de lo que quieres.
- **M**edible: Cualquier objetivo tiene que ser cuantificable, y nosotros debemos ser capaces de medirlo. Esa es la única forma de asegurarnos si avanzamos o no.
- **A**lcanzable: Si nos ponemos objetivos imposibles, tan ambiciosos que nunca podamos llegar a ellos, el único resultado posible será la frustración. Si deseas algo muy grande, te recomendamos que lo dividas antes.
- **R**ealista: Va muy ligado al atributo anterior. Si te propones metas totalmente fuera de tu contexto real, será mucho más difícil abordarlas.

- En **T**iempo: es importante que seamos capaces de planificar nuestras metas en el tiempo y ponernos horizontes temporales para ir alcanzando las metas parciales.
- **E**cológico: Esto es algo que suele obviarse y sin embargo tiene mucho peso en el éxito de un objetivo. Consiste en valorar el impacto que tendrá en nuestro entorno y en nuestro ecosistema vital el hecho de volcar una parte de nuestras fuerzas y nuestro tiempo en la consecución del objetivo.
- **R**ecompensable: ¡Prémiate! Cualquier esfuerzo merece su premio, y no esperes a llegar a la meta final para recompensarte. Date pequeñas recompensas cuando vayas alcanzando las metas parciales de las que hablábamos antes.

El psicólogo

Yo creo que, una vez que somos conscientes de la fuerza y de los peligros de nuestras motivaciones (y de las ajenas), lo importante es conseguir que los demás las respeten. Cuidado: no se trata de que las conozcan (en el capítulo de asertividad hablamos del derecho a decidir qué cosas cuentas y qué cosas no cuentas de ti mismo) y, mucho menos aún, de que las compartan. Basta con que no las crean menos importantes que las tuyas. Recuerda, también del capítulo de asertividad: «Tienes derecho a tener tus propias necesidades y que sean tan importantes como las de los demás».

Todas las razones para hacer algo son igualmente válidas. Por ejemplo, en el ámbito laboral, nadie ha demostrado nunca que unas u otras lleven a un mejor desempeño. Si piensas en tu propia experiencia, verás que en los mejores grupos en los que has trabajado había personas que se movían por motivaciones muy diferentes: dinero, estatus, amor (hay quien trabaja muy bien porque está enamorado de alguien que valora lo que hace), estimulación intelectual, ideología... De hecho, cuando se hacen investigaciones sobre este tema, ningún fundamento aparece como más eficaz. Dependiendo de la situación, cualquier razón es tan buena como las otras.

Sin embargo, los demás, inevitablemente, tratan de llevarnos a su terreno. Sus intereses les hacen intentar convencernos de que sus motivaciones son más legítimas que las nuestras. Entrenarse en asertividad en el mundo laboral y mantener nuestros derechos básicos supone, sobre todo, ser capaz de optimizar nuestra motivación para el trabajo focalizando nuestros esfuerzos en las metas que nosotros mismos nos hemos marcado. Y evitar funcionar por las expectativas ajenas. Por ejemplo: las personas con poca motivación de logro suelen estar presionadas por profesores y jefes que intentan retarlas en el ámbito académico o profesional. Las frases que han escuchado a menudo son: «Podrías hacerlo mejor», «Si te esforzaras más, ascenderías», «¿No te da vergüenza sacar esas notas?». Si esos individuos saben que, guiados por otros tipos de motivaciones (¿exploración?, ¿contribución?), pueden llegar a conseguir sus objetivos, lo mejor para ellos sería hacerse respetar y conseguir que les dejen de presionar. Conocernos a nosotros mismos y exigir que se respeten nuestros potenciales es parte de la tarea de darnos nacimiento como individuos sociales.

La coach

Creo que una de las cosas más importantes para conseguir algo que nos proponemos es encontrar las fuerzas para ello, aunque el momento no ayude. En mi opinión esto solo es posible, o al menos es muchísimo más fácil, cuando ese algo está alineado con nuestros valores y es coherente con el tipo de motivación dominante que tengamos. Para detectar si es así, nos podemos hacer dos preguntas. La primera es si lucharíamos por eso que anhelamos aun cuando nadie de nuestro entorno tuviera constancia de ello. Esto nos dará pistas sobre el carácter de nuestra motivación (intrínseca/extrínseca). Después de todo lo que has leído aquí, ya sabes cuál te dará más energía. La segunda pregunta es si hemos sido sinceros con nosotros mismos y con nuestro entorno en lo relativo a la energía, el esfuerzo y el tiempo que vamos a tener que quitar a otras tareas cotidianas para volcarlo en nuestro objetivo. Si eres honesto en este punto, no solo estarás ajustando tus expectativas, sino que además es muy probable que cuentes con el apoyo de los más cercanos para conseguir lo que deseas.

El estudiante

En Psicología tenemos una asignatura dedicada completamente a la motivación. En mi caso la cursé en primero y tuve que aprender fórmulas que ya he olvidado sobre algo que nos gusta más sentir que medir. Porque si conectamos con nuestra motivación genuina e intrínseca, lo sentimos y fluimos. Aunque, volviendo a esas fórmulas (puestas a prueba con ratas en laboratorio que perseguían su queso), podemos echar un vistazo a alguna de ellas y ver si encontramos algo interesante para cerrar el capítulo. Mira, abro el libro y encuentro una de las que siempre caían en los exámenes, la del psicólogo estadounidense Clark Leonard Hull. Esta tenía como elementos para medir la motivación entre otros, la fuerza de la costumbre (si algo nos funciona solemos tener ganas de repetirlo); el tiempo de privación (si llevas 11 meses sin vacaciones estarás con muchas ganas de irte a las Maldivas), y el valor que damos al refuerzo que obtendremos (no es lo mismo tener como premio un caramelo que este súper libro de *Entiende tu mente*, ¿no?). Si llevas sin comer todo el día y te has reencarnado en una rata de laboratorio (esperemos que no), parece lógico que emplees toda tu fuerza para llegar al quesito. El bueno del señor Hull, nos dejó claro que la motivación, el movimiento para la acción, necesita fuerza, energía. Y por eso solo te quiero dejar, más que como idea final, como consejo de amigo, que uses esa parte de la energía que tienes para aquello que te mueve de forma natural. Si gastas toda tu fuerza persiguiendo la recompensa que te pone el investigador en el laboratorio de forma recurrente, nunca podrás parar, mirar a otro lado, escaparte, preguntarte a dónde quieres ir. ¿A dónde te pide ir tu corazón? Ya lo sé. Hay que comer y pagar facturas. Así que tú y yo muchas veces tendremos que (y querremos) ir a por el queso o a por la paga extra. Pero no olvides que hay muchas otras cosas que vas a querer hacer sin que nadie te tenga que «motivar». Así que, pregúntate de vez en cuando qué te motiva de forma genuina y ve a por ello. A por lo que disfrutas de corazón. A por esas actividades en las que fluyes por el mero hecho de hacerlas. A por las conductas autotélicas que nos dan la vida y que, en ocasiones, por llevar tanto tiempo moviéndonos solo por motivación extrínseca, hemos olvidado completamente.

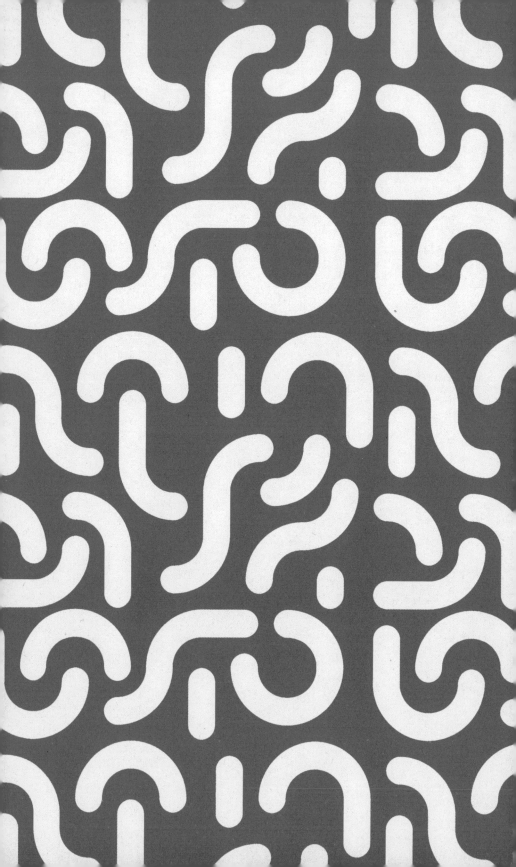

Procrastinación

Parece que esta palabra tan complicada de pronunciar —procrastinación— lleva toda la vida con nosotros, pero lo cierto es que hace una década casi nadie sabía lo que significaba. Bueno, el compañero listillo de la oficina sí que lo sabía. Pero la mayoría no. Eso sí, procrastinábamos igual, pero le poníamos otros nombres. Nuestros abuelos ya nos decían aquello de «no dejes para mañana lo que puedas hacer hoy» y en el colegio nos ponían fechas límite de entregas para los trabajos y nos preguntaban de vez en cuando que «cómo lo llevábamos». Con el tiempo nos fuimos haciendo mayores y fueron los jefes los que empezaron a recordarnos que el informe había que entregarlo antes del viernes y que «si estábamos en ello». Al final dejábamos el trabajo del colegio y el informe del jefe para el último minuto, porque, ya sabes, había otras cosas más importantes que hacer y ya tendríamos tiempo para terminar la tarea. Y mientras tanto no nos perdíamos el capítulo de los dibujos animados que nos gustaban, ordenábamos la habitación, pegábamos cromos en el álbum o, ya de mayores, contestábamos a los emails y mensajes de WhatsApp, nos poníamos un capítulo de la serie que nos tenía enganchados o nos comprábamos un libro nuevo y empezábamos a leerlo. Cualquier cosa con tal de no ponerse con esa tarea que tanto nos incordia. Procrastinábamos... y lo seguimos haciendo.

Estamos en el Club de los Imperfectos, en gran parte, porque somos capaces de reconocer que, a menudo, aplazamos las tareas importantes para distraernos con entretenimientos menos productivos. Los que no se identifican a sí mismos como miembros de nuestro club —los «perfectos»— presumen de que esto no les pasa nunca. La neurobiología no parece darles la razón: es imposible que el córtex cerebral esté siempre a tope. Pero, en fin, allá ellos con sus necesidades de postureo. Si eres de los nuestros, de los que saben que procrastinan y se conforman con sujetar esa tendencia para no acabar vagueando en los momentos importantes, bienvenido a este capítulo. Dejamos de procrastinar, que ya nos está saliendo muy larga la introducción, y vamos a la tarea.

¿QUÉ ES LA PROCRASTINACIÓN?

Se llama así a la pérdida de tiempo que se produce cuando nos enmarañamos en actividades que —aunque no nos resulten productivas en ningún sentido— llaman nuestra atención. Por culpa de estas actividades irrelevantes acabamos postergando lo que realmente queremos hacer. Si nos vamos al origen, vemos que, como corresponde a una palabra tan difícil de pronunciar, su origen está asociado a sensaciones de culpabilidad. El palabro deriva del latín *procrastinare*, que vendría a ser algo así como «postergar hasta mañana». Hasta ahí parece que nos llega con connotación de vaguería, aunque, al menos, se le supone cierta voluntariedad a alguien que aplaza una tarea. Pero si seguimos yendo hacia el pasado, vemos que *procrastinare* deriva del griego antiguo *akrasia*, que podría ser algo así como «hacer algo en contra de nuestro mejor juicio». Y ahí ya sí que es fácil ver por qué luchamos continuamente para que no nos apliquen (o para no endosarnos a nosotros mismos) este verbo.

En la vida diaria entendemos procrastinar como hacer todo menos «lo que tenemos que hacer». Como ves, se mantienen los dos significados del mundo clásico, pero recargando la idea de que es algo casi ajeno a nuestra voluntad. Por eso aplicamos el verbo, por ejemplo, a lo que ocurre cuando, en situaciones de estrés, teniendo un objetivo (por ejemplo, entregar un informe) nos dedicamos a otras tareas inútiles para esa meta. Nos ponemos a ordenar la mesa, empezamos a subrayar las partes importantes del informe e, incluso, si estamos teletrabajando, nos ponemos a lavar los platos (algo que, habitualmente, odiamos hacer).

 ¿En qué tareas procrastinas? ¿Las tienes identificadas?

Quizá en tu vida laboral, por ejemplo, dediques una enorme cantidad de tiempo a contestar emails innecesarios, visitar una y otra vez tu perfil en Facebook o cualquier otra red social para ver si alguien te ha puesto algún mensaje intrascendente, mirar los cientos de archivos supuestamente graciosos que te mandan por internet o responder llamadas de teléfono inútiles. Y, a todo esto, todavía no has empezado a trabajar... O puede que en tu vida privada recojas veinte veces los juguetes de tus hijos o arregles todos los días una mesa que cojea o bajes cada poco a comprar lo que te falta en ese momento o contactes diez veces con un amigo para concretar una cita. Y cuando se acaba el día, tengas la sensación de que no has tenido tiempo, sin embargo, de disfrutar del ocio que realmente te da placer...

Como en este tema todos los seres humanos se parecen mucho, si te parece, te vamos a contar en qué procrastinamos nosotros.

Molo disfruta mucho produciendo pódcast narrativos de forma independiente (como su serie *Saliendo del círculo*). Cuando los está preparando, graba un montón de horas de audio. Y cuando llega el momento de ponerse a editar, le agobia tanto el pensar que tendrá que escuchar todas esas horas almacenadas que acaba posponiendo algunas de sus producciones meses y meses.

A Luis le cuesta mucho escribir. Él siempre dice que viene de la cultura celta, que no tenía escritura... por vaguería: charlar es siempre más fácil que poner las cosas negro sobre blanco. Así que, mientras escribíamos este libro, tenía que alejar todas las tentaciones para no dejarse llevar. Internet cerrado para no ponerse a leer sobre temas ajenos a la Psicología, redes sociales fuera de la vista, aplicaciones de música silenciadas... Luis tiene que escribir en una burbuja, porque cualquier mosca podría apartarlo de su concentración.

Mónica procrastina habitualmente para preparar los mapas mentales. En el fondo es una técnica que le encanta, como bien sabes, y que utiliza para casi todo lo que tiene que ver con comunicación, así que no es una cuestión de dificultad de la tarea, sino más bien la alta concentración que le exige incluir un montón de ideas interconectadas en una sola hoja de papel. Una vez que empieza, ya va sin parar y le suele llevar poco tiempo, pero, empezar a hacerlo, eso es otra historia.

¿Y qué haces para procrastinar, para dejar algo para más adelante? Solemos ponernos a pensar en otras cosas, otros proyectos, otras ideas. Por ejemplo, dejamos el proyecto que tenemos entre manos para luego, pero nos ponemos a pensar en otros nuevos que nos vienen a la cabeza. Así que la procrastinación nos lleva a pensar en más proyectos, y muchos de ellos volverán a ser procrastinados: el círculo vicioso perfecto. Un camino que nos puede llevar a tener la cabeza «demasiado cargada» por tantas tareas inacabadas.

¿Qué ocurre con esas tareas inacabadas? Pues como en casi todo, podemos encontrar un lado bueno y uno malo. Te lo contamos hablando de lo que se conoce como el efecto Zeigárnik, al que puso nombre su descubridora, la psicóloga soviética Bliuma Zeigárnik. ¿Dónde empezó a tomar notas Bliuma para luego trabajar a fondo sobre este efecto? Pues en las cafeterías. Se fijaba en los camareros, en cómo, sin apuntar nada en ninguna libreta, retenían con facilidad todo lo que un cliente les había pedido. Lo recordaban mientras los clientes esperaban su plato, pero lo olvidaban rápidamente tras haberlo servido. Sí, imagínate a Bliuma preguntándole al camarero, antes de darle la propina, si recordaba qué le había pedido para merendar. Después realizó un experimento más elaborado en laboratorio y en 1927 publicó los resultados en la revista *Psychological Research*. El experimento no ha tenido los mismos resultados cuando se ha replicado, no obstante, ha quedado como uno de los que mejor parecen explicar por qué hay pensamientos que nos vienen una y otra vez a la cabeza para recordarnos que hay tareas que aún tenemos que abordar.

Al parecer, recordamos mejor las tareas inacabadas. Si lo piensas, tiene una función muy adaptativa. El cerebro nos recuerda una y otra vez lo que tenemos pendiente. Y eso nos pasa cuando procrastinamos. Así que esa parte, la de que nuestra mente nos recuerde una y otra vez la tarea inacabada, puede ser la parte buena. Y la mala es que, como todo, gasta energía y recursos (en este caso, recursos cognitivos). Nuestra memoria operativa, la RAM de nuestro cerebro, tiene una capacidad limitada. Si fuéramos un ordenador y esta memoria tuviera solo ocho gigas disponibles, el problema sería que, si dedicamos dos o tres a recordar una y otra vez las tareas inacabadas, no disponemos de ese espacio en nuestra memoria para usarla aquí y ahora. Así que lo mejor para que no gastes toda tu RAM con aquello que procrastinas va a ser que sigas leyendo.

Siempre se ha procrastinado y se seguirá procrastinando. Pero ahora es más fácil que hace un siglo, cuando Bliuma se pasaba las tardes en las cafeterías para elaborar sus teorías. Ella no tenía Instagram ni Twitter ni correo electrónico ni Netflix..., así que procrastinar le costaba un poco más. A nosotros tres nos cuesta menos. Y a ti, seguro que también, ¿verdad?

Una vez que hemos asumido que, como personas del club de los imperfectos, procrastinamos, la siguiente pregunta que podemos plantearnos es por qué lo hacemos. Pongamos que te proponen ahora realizar dos tareas. Una es preparar un café, y la otra, leer un informe para el trabajo de quinientas páginas. La primera parece sencilla y no la procrastinas, pero la segunda... sí, la segunda la vas dejando para más adelante. Y aquí vamos con uno de los motivos por el que la postergamos. Pensamos que esa actividad va a ser dura, nos va a llevar mucho tiempo, va a ser difícil, cansada, aburrida... o que tal vez escape de nuestro control. Nos decimos a nosotros mismos que no nos gusta, que no queremos «sufrir» haciendo esa tarea que nos va a cansar y nos va a impedir tener tiempo para otras cosas, cosas que, además, nos producen una satisfacción inmediata, mientras que la gran tarea no nos hará felices hasta dentro de mucho, mucho, mucho tiempo. Así que la postergamos. Y ojo, que puede que sea realmente dura, difícil y aburrida (aunque muchas veces no lo es tanto); pero si tenemos capacidad para asumirla y nos viene bien hacerla (para continuar en nuestro trabajo, mejorar nuestra salud o terminar de escribir este libro), en algún momento habrá que dejar de procrastinar. ¿Te viene bien ahora? ¿O procrastinamos un poquito más y lo dejamos para luego?

Si te viene bien ahora, vamos a ponernos manos a la obra.

_____ **¿CÓMO DEJAR DE PROCRASTINAR ESA TAREA QUE TANTO TE CUESTA HACER?**

1. **Divide y vencerás.** ¿Cómo te comerías una sandía de seis kilos si no la pudieras compartir con nadie? Seguramente tomando unas pocas porciones cada día, ¿verdad? ¡Hagamos esas porciones! Todo el mundo puede tomarse una o dos porciones de sandía al día, pero seis kilos en una sentada nos causarían una indigestión. El informe de quinientos folios que tienes que revisar puede dividirse en cincuenta capítulos de diez folios cada uno. ¿Puedes revisar diez folios ahora? Perfecto. Con eso es suficiente.

2. **Organízate y ponte fechas.** Si en tu agenda tienes marcados dos momentos de media hora para revisar diez folios, en veinticinco días habrás terminado la tarea. Y, lo mejor, cada día que pase sabrás que has terminado con tu objetivo diario. Un objetivo razonable, asumible y que tendrá esa satisfacción inmediata que tanto nos gusta. Te irás a la cama con las tareas hechas y no con el recuerdo constante y el gasto cognitivo que nos producen las tareas inacabadas. Busca objetivos realistas: tendemos a ser demasiado utópicos cuando establecemos metas. Cuéntale tus propósitos a alguien que te conozca bien, y si esa persona cree que has sido poco realista, reduce tus metas para evitar la frustración limitadora.

3. **Empieza ya, solo diez minutos.** A veces nos cuesta mucho ponernos manos a la obra. Pero ¿y si pones tu

cronómetro en marcha con diez minutos de duración? Diez minutos no es mucho tiempo. Diez minutos de atención plena a lo que no te apetece. Lo más probable es que después de esos minutos te siga apeteciendo continuar un poco más. Y, lo más importante, ya le habrás perdido el miedo.

4. **Fluye.** El célebre psicólogo Mihály Csíkszentmihályi dedicó buena parte de su vida a contarnos los beneficios de fluir, de poner el foco en esa actividad que estamos realizando. Es algo que nos parece complicado en este siglo XXI con tantas distracciones a unos centímetros de nuestra mano (a tantos como tengamos de lejos nuestro teléfono móvil). Ese disfrute viene cuando estamos al cien por cien con una actividad que sabemos realizar o al menos intuimos que está a nuestro alcance. Que tal vez pueda ser un reto, pero no un imposible. Que exija nuestra atención. Que nos permita dedicarnos a esa actividad en ese momento. Sin más.

5. **Descansa.** Estamos cansados. Y tenemos motivos. Nuestro cerebro no está acostumbrado aún a la hiperestimulación que recibe. Cuando Csíkszentmihályi tenía treinta años, aún no habíamos pisado la Luna, leíamos libros y periódicos en papel, escuchábamos la radio como fuente principal de noticias en tiempo real y teníamos solamente dos canales de televisión. Ahora leemos en diagonal para poder asimilar más, miramos titulares y no hacemos clic en el cuerpo de la noticia salvo que nos llame mucho la atención. El

mundo actual nos bombardea con información y nos hace pensar y tomar decisiones constantemente. Tu cerebro tiene que decidir si hacer clic aquí o acá, si está marcando la casilla de aceptar las condiciones de privacidad o las de autorizar a la empresa de turno a que te mande publicidad al correo electrónico, aprender cómo funciona la nueva intranet del trabajo, la APP de moda y elige si finalmente verás esta noche la serie que te ha recomendado tu compañera de oficina u otra de los miles que hay en cada plataforma. Es normal que estés cansado, y tu cerebro agradecerá que lo dejes descansar. El cansancio multiplica el desinterés por la tarea y reduce nuestra capacidad de esfuerzo y atención. Programa descansos. Da paseos. Desconecta de las herramientas que te bombardean y exigen. Más adelante te dejamos un método que tal vez te pueda ayudar a tener tu cerebro a pleno rendimiento (el método Pomodoro) cuando quieres sacar adelante una tarea de esas que procrastinamos.

6. **Prémiate.** Como antes contábamos, estamos acostumbrados a realizar tareas breves, esas que tienen una recompensa momentánea. Conductas que nos dan una satisfacción inmediata, que nos calman. Hacemos compras por internet porque el producto nos llega al día siguiente; abrimos la nevera y al momento nos encontramos con nuestro snack favorito; nos ponemos a contestar emails y en un par de minutos hemos terminado con la bandeja de entrada limpia. Pero ¿qué pasa con las actividades que van a acompañar-

nos durante semanas o meses hasta que tengamos el premio, esa tranquilidad que da el trabajo terminado? Bien, pues ahí podemos «engañar» a nuestro cerebro. Démosle una pequeña recompensa por cada una de las minimetas alcanzadas cada día. Ten previstas recompensas para cada fase de la tarea. Busca pequeños incentivos y prémiate cada poco. Es mucho más gratificante esa dosis continua que buscar un gran premio para el final del proceso.

7. **Usa un organizador externo.** Hay quienes prefieren la agenda tradicional de papel, otros se manejan mejor con un programa de ordenador y algunos recurren a las nuevas tecnologías (PDA, e-book, móviles...). La cuestión es usar un «basurero mental» (al que mandar todos los datos de horas, nombres y fechas) que nos ayude, además, a tener el tiempo estructurado visualmente. Es importante que este organizador sea íntimo (para esto ayuda usar un lenguaje en clave porque debemos tener claro que escribimos para nosotros) y planifique hora a hora nuestro día. Su uso es un hábito que tarda en adquirirse (puede llevar meses acordarse de la agenda), pero, al final, lo conveniente sería que se consultase al menos tres veces al día. El organizador externo debe servirnos para sustituir cantidad por calidad, esfuerzo y tiempo por eficacia. Por eso se recomienda programar con realismo. Como reza el viejo adagio: «Si fallas al planificar, estás planificando fallar». Es muy importante quitarse de encima ideales utópicos: hay que proyectar las tareas aprovechando nuestro

tiempo, pero no exprimiéndolo. Por ejemplo: tenemos que programar descansos —diez minutos cada cuarenta de trabajo es una cifra razonable— porque nadie es eficaz cuando lleva dos horas seguidas en acción. De hecho, los llamados *workaholics* (adictos al trabajo) se caracterizan por dedicar mucho tiempo pero ser poco eficientes. También es esencial evitar el exceso de perfeccionismo que nos lleva a no dar nada por terminado y, por lo tanto, a derrochar esfuerzo en balde. Y, por supuesto, es necesario priorizar, porque de lo contrario es muy fácil caer en la tentación de evitar las tareas necesarias e incluso urgentes ocupándonos en cosas que ya están hechas o que son inútiles... pero nos resultan más sencillas.

8. **Recuerda continuamente cuál es tu motivación.** Trata de tener presente (apuntándolo, por ejemplo) por qué quieres emprender esta tarea. No te conformes con los «Tengo que...», recuerda los «Quiero...». Trata de encontrar un sentido vital amplio a lo que estés haciendo. Si lo afrontas solo como una tarea desagradable puntual, es más difícil que te motives. Busca la forma de asociarlo a tu crecimiento personal y clarifica tus objetivos. Schopenhauer decía que «ningún viento favorece al que no sabe a dónde va». Estructurar nuestra vida sin ningún fin concreto sería como seguir una receta que no nos va a llevar a cocinar ningún plato. Por eso es recomendable listar, en esas etapas de organización vital, nuestras metas en todos los ámbitos: personal, laboral, familiar... Lo aconsejado es enume-

rar, por una parte, los objetivos a corto plazo (a un mes vista, por ejemplo) y, por otra, nuestras metas a largo plazo (para dentro de un año o dos). Se debe empezar con una tormenta de ideas, dando todas las respuestas posibles a la pregunta: «¿Cómo tendría que estar yo dentro de un mes para sentirme feliz?». Después hay que hacer el mismo proceso para un periodo prolongado de tiempo. Una vez obtenida la lista extensa, tenemos que priorizar adjudicando a esos objetivos números —del uno al cinco, por ejemplo— según la importancia que les concedamos en estos momentos de nuestras vidas: se trata de reducir la lista hasta conseguir un máximo de cinco OCP y cinco OLP. Lo ideal, por supuesto, es que sean lo más concretos posible: los enunciados del tipo «pasar más tiempo con mis hijos» o «perder menos tiempo en el trabajo» son menos útiles para nuestro fin que las frases como «estar con mis hijos al menos dos horas todos los días» o «dedicar únicamente una hora al día a responder emails».

9. **Cambia, poco a poco, las autoinstrucciones con las que trabaja tu mente.** Se trata de sustituir lemas paralizadores por otros más adaptativos. Por ejemplo, es más motivador hablar de deseos («Me gustaría acabar este informe hoy para poder ponerme mañana con otra cosa») que de necesidades («Necesito terminarlo como sea»), porque lo primero genera sensación de control, y lo segundo, estrés. También es útil sustituir los «tengo que» («Tengo que ver a mi madre este domingo») por los «elijo» («He decidido que voy a ver a mi madre este

fin de semana»). Y es mucho mejor admitir que no queremos hacer determinadas cosas («No me apetece mejorar mi inglés este verano») que evadir la responsabilidad con continuos «no puedo». Por último, aquellos que trabajan este tema nos recuerdan que las autoinstrucciones que promueven la organización vital son aquellas que se centran en lo positivo de la tarea («Si dedico dos horas diarias en los próximos meses a estudiar este examen, después podré trabajar en algo que me gusta») y no las que nos recuerdan continuamente aquello de lo que nos privamos para conseguir nuestras metas.

10. **Acepta cierto nivel de procrastinación.** Practica el autocuidado y, si para cuidarte debes rebajar tu nivel de autoexigencia, ya tienes una tarea que tal vez sea más importante aún que aquella que estás procrastinando. No pasa nada por procrastinar un poquito. Sí, ya sabemos que esto no lo suelen poner en otros libros, pero es que si no incluíamos este punto, no nos quedábamos tranquilos. Y ahora, después de terminar este recuadro, nos vamos a tomar un café. Luego seguimos.

Pues aunque hasta ahora no había aparecido la palabra «autoexigencia» en este capítulo creemos que es bueno ahondar en ella como una de las causas de que procrastinemos. Como estás comprobando al leer este libro, queremos hacer nuestra particular oda a la imperfección. La búsqueda de metas demasiado difíciles, objetivos sublimes y exclusivos, también nos lleva a procrastinar. El miedo a que el resultado final no sea el esperado nos aboca a dilatar una y otra vez el objetivo, tal vez para que no tengamos que enfrentarnos a un resultado que no esté al nivel que pensamos que se espera de nosotros. ¿Te suenan estas palabras? Pues entonces estás en el libro adecuado. Los que lo escribimos también nos hemos autosaboteado... muchas veces. Y solo el hecho de caer en que te estás poniendo la zancadilla solito es el primer paso para dejar de hacerlo.

No creo que tengamos una fórmula infalible ni global para dejar de procrastinar. Pero como Luis dice en muchas ocasiones: «Si fallas al planificar, estás planificando fallar». Así que qué te parece si te proponemos una forma de planificarte. Adáptala a tus necesidades y pruébala. Algún miembro de nuestro equipo la usa, te hablamos del método Pomodoro.

——MÉTODO POMODORO

¿A qué te suena la palabra *pomodoro*? Sí, a tomate. Es tomate en italiano, así que nos vamos directamente a la cocina. Aunque ahora ya no se llevan tanto, hubo una época en la que no había una cocina sin relojes mecánicos con forma de tomate que ayudaban a los *masterchefs* de la casa a establecer los tiempos de cocción determinados para cada plato. Ya sabes, hay que atinar mucho para conseguir la pasta *al dente*. Volvamos a la palabra *pomodoro*. En los años ochenta, Francesco Cirillo extrapoló este término para acuñarlo a un modelo que nos permitiera encontrar nuestro mejor rendimiento, una mayor productividad y una gestión del tiempo más óptima.

La base de este sistema es la creación de espacios de tiempo medibles donde nos dediquemos a una tarea determinada con atención plena. Cirillo apostó por veinticinco minutos. Nosotros somos más de veinte, y tú tal vez seas de quince o de media hora. ¿Cuánto crees que deben durar tus *pomodoros*? Una vez lo tengas claro, esa será la medida que te servirá para gestionar tu tiempo y conseguir un mayor rendimiento en tus labores, ya sean profesionales o personales. Durante esos veinticinco minutos volcaremos toda nuestra atención en la tarea que nos hayamos propuesto llevar a cabo pero... Y luego ¿qué? Luego te darás un descanso de cinco minutos y volverás a empezar con otro nuevo *pomodoro*.

El método original nos propone que hagamos cuatro *pomodoros* seguidos (con una pausa de cinco minutos tras cada bloque de trabajo) y, una vez terminados, que nos tomemos una pausa más larga, de veinte minutos.

¿Qué tiene de bueno trabajar así? Para empezar, te lanzas y te pones con tus tareas. Lo ideal es, antes de comenzar, apuntar en una hoja a qué vas a dedicar cada uno de los próximos cuatro *pomodoros*. Además, te sirve para valorar realmente cuánto tiempo te lleva realizar cada tarea, es decir, a veces pensamos que una tarea va a ser tormentosa y nos va a llevar muchas horas, y pasado un tiempo vemos que hemos podido con ella en unos minutos. También ocurre al contrario, y puede que veas que vas a necesitar muchos *pomodoros* para terminar el informe o aprobar esa asignatura. Lo importante es que sabrás el tiempo que te lleva cada cosa y te ayudará a planificar mejor. Por último, será más saludable, sobre todo si cada vez que suene tu avisador dedicas esos cinco minutos de descanso a levantarte de la silla, pasear, apartar la cabeza de la pantalla.

¿Te animas a probarlo?

Para terminar, tenemos que ponerte en preaviso de que cerca de ti están los ladrones. Y, lo peor, aún no tienes contratada una alarma que te defienda de ellos. Bueno, al menos desde ahora vas a poder identificarlos. Actualmente los tienes en tu entorno de trabajo y en tu hogar, convives con ellos y, algunos, hasta te caen bien. Los has metido en tu casa y en tu despacho. Nosotros también. Todos estamos muy acostumbrados a ellos y ya casi no les tenemos miedo, pero en el fondo son responsables de muchas de nuestras procrastinaciones cotidianas. Son los «ladrones de tiempo». Algunos tendrás que alejarlos de tu vista mientras te pones manos a la obra, con otros tendrás que negociar, pero en todo caso, como siempre decimos, tú tienes la última palabra y puedes actuar para acabar con ellos o al menos arrinconarlos para que no tengan tanta influencia en tu vida.

LADRONES DE TIEMPO

Pongamos las cosas claras. Los ladrones de tiempo no son elementos extraños e infalibles que quieran robarnos lo más preciado que tenemos, nuestro tiempo. Más bien podríamos definirlos como circunstancias, actitudes y situaciones que nos dan un empujoncito en eso de no aprovechar nuestro tiempo eficientemente. Algunos de ellos están muy relacionados con nuestro entorno externo porque en ellos intervienen otros agentes además de nosotros y se les conoce como Ladrones de Tiempo Externos. Otros, por el contrario, dependen casi en exclusiva de nosotros, nuestras actitudes y nuestros comportamientos. Son los llamados Ladrones de Tiempo Internos. Vamos con algunos ejemplos de cada tipo:

Externos: Interrupciones (visitas, llamadas...), notificaciones (redes sociales, email...), reuniones (innecesarias o demasiado largas...).

Internos: Falta de organización y planificación (tareas no contempladas o no priorizadas), falta de asertividad (no saber decir «no»), multitarea (nos obliga a cambiar el foco en múltiples elementos a veces no compatibles).

Frente a estas «amenazas» solo nos queda una salida para frenarlas. Lo primero es identificar cuáles son las que más nos afectan y posteriormente ponerles freno. Como pista te diremos que una comunicación asertiva resuelve muchas de las externas, y una buena organización de las tareas, gran parte de las internas.

¿Te animas a identificar cuáles son tus ladrones?

El psicólogo

En el terreno emocional, yo creo que la procrastinación se limita mucho cuando susti-
tuimos culpabilidad por responsabilidad. El
primero es un sentimiento poco adaptativo,
la segunda es una emoción que nos ayuda a
recuperar las riendas de nuestra vida. Se trata de huir de frases genéricas del tipo «no lo
estoy haciendo bien» (que son las que llevan
a la culpa) y sustituirlas por preguntas acerca
de qué cosas podemos mejorar y qué otras
hemos resuelto bien. Por eso se dice que, en
este tema, lo importante no son las respuestas que nos damos a nosotros mismos, sino el
tipo de preguntas que nos hacemos. Cuando
nos culpabilizamos, interrogamos a nuestro
pasado: «¿Por qué no fui capaz de entregar
el pedido a tiempo?», «¿Cómo pude decepcionar así a mi pareja?», «¿Por qué perdí el
tiempo en vez de concentrarme en lo que
tenía que hacer?». Sin embargo, cuando nos
responsabilizamos, interpelamos a nuestro futuro: «¿Qué puedo hacer para planificar mejor

los pedidos?», «¿Cómo puedo organizarme a tiempo la próxima vez que haya quedado con mi pareja?», «¿Qué estímulos puedo quitar del medio a partir de ahora para que no supongan tentaciones con las que procrastine?».

La coach

Creo que debemos apostar por el autoconocimiento y la tolerancia. El autoconocimiento nos permite saber nuestras tendencias, cuándo y ante qué situaciones concretas solemos procrastinar, y esta es una información valiosísima, porque una vez que la conocemos y la asumimos, somos capaces de empezar a buscarle solución. Dentro de este apartado incluyo el conocimiento que tenemos de nuestras motivaciones más profundas; dependiendo de las que sean, podemos manejar nuestro interior orientando la realización de las tareas hacia algo que nos motive. Si, por ejemplo, tenemos una fuerte motivación de logro, nos vendrán muy bien las listas de tareas. El hecho de ir tachando una tras otra, nos genera una sensación de ganar a la propia lista, y esto nos motivará. Se trata de guiar nuestra conducta hacia la consecución del objetivo por el camino que menos nos cueste, por aquel en el que encontremos más fuerza para afrontar las tareas. Y no nos olvidemos de que hay veces en que estaremos objetivamente cansados y, por lo tanto, nuestra mente nos está pidiendo un poco de calma antes de volver a conectar motores, así que podemos ser tolerantes con estas «procrastinaciones temporales». Eso sí, seamos honestos con nosotros mismos en cuanto al cansancio, no nos lo pongamos como excusa cuando en realidad no exista.

El estudiante

¿Qué gafas te pones cuando tienes por delante una tarea que sueles procrastinar? No sé tú, pero yo me pongo las de la ansiedad. Lo tengo comprobado. Esas que solo te dejan ver la parte dura que te espera por delante, lo difícil que será llegar a la meta y lo mal que lo vas a pasar durante todo el trayecto. Como suele pasar, esas gafas mienten en el noventa y nueve por ciento de las ocasiones. Puede que el trayecto no sea fácil, pero al final las montañas no son tan duras de subir como te muestran esas gafas. ¿Te animas a comprobarlo? Apunta en una hoja cómo de dura consideras que va a ser esa tarea que siempre dejas para más adelante. Y luego empieza. Sigue los apuntes que hemos compartido contigo, utiliza el método Pomodoro si no tienes un plan mejor y, una vez que termines la parte de la tarea programada para hoy, vuelve a esa hoja. ¿Era tan duro como te hacían ver tus gafas?

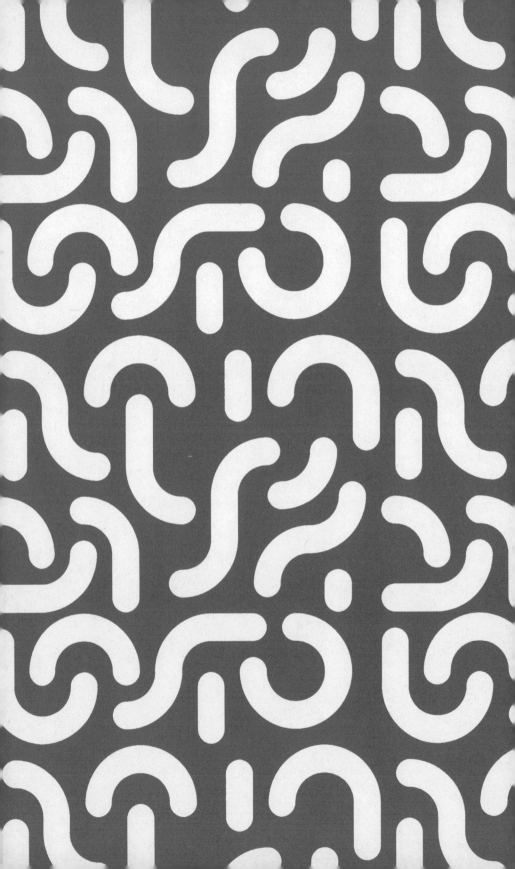

Química del amor

En este capítulo vamos a hablar del amor. Una de esas emociones básicas que tanto nos importan a todos y que a todos nos afecta. Esa emoción tan importante que hace que tomemos decisiones que nunca pensamos que fuéramos capaces de tomar. Un sentimiento que nos puede llevar a vivir la máxima felicidad o el máximo dolor. Nos gustaría tratar el amor desde un punto de vista doble, desde el lado puramente emocional y desde la perspectiva casi química o incluso alquímica. Esa química del amor que hace que hagamos cosas imprevisibles o que nos comportemos de una forma que no parecemos nosotros, que no nos reconocemos cuando echamos la vista atrás.

El amor y sus derivadas puede tener defensores y detractores. A nosotros nos gusta darle esas dos perspectivas. Aquella que defiende el amor por encima de todas las cosas, como algo que nos alimenta, que nos hace cada vez más humanos y, sobre todo, que nos hace vivir la vida como lo que es, la vida, con sus altos y sus bajos, sus valles y sus cimas. Y también una perspectiva que desmitifica el amor. Una perspectiva que le quita todo ese carácter novelesco y naíf con el que muchas veces nos encontramos cuando escuchamos una canción, vemos una película o leemos un libro.

Por su importancia y por su impacto en la vida de todas las personas, y porque hay un porcentaje elevadísimo de consultas en terapia relacionadas de una u otra forma con el amor, nos apetece incluir este tema en nuestro libro. Así que prepárate, porque avanzaremos a lo largo del capítulo cuál es nuestra perspectiva y nuestra visión sobre el amor y su química. ¿En qué bando estás tú?

Im

¿Quién no se ha sentido alguna vez arrebatado por el amor? La universalidad de esta sensación explica su prestigio cultural. Si un compositor, un poeta o un guionista quieren conectar con su público, recurrir a esta pasión es la forma más sencilla. Con tres palabras (o una sola imagen) convocan sensaciones extraordinariamente potentes en casi todo el mundo. Por eso, la inmensa mayoría de canciones, series de televisión, poemas y memes horteras distribuidos en redes sociales hablan de las cosas del querer, mitificando la primera fase (el amor romántico) y minusvalorando la siguiente (amor compañero).

Pero ¿la omnipresencia de una impresión demuestra su solidez? ¿Deberíamos seguir los impulsos con que nos ata esta pasión solo por una sensación muy potente que casi todo el mundo ha vivido? Cuando estamos enamorados, el cuerpo nos pide que hagamos cosas que nuestro yo anterior jamás se hubiera planteado. Durante esa fase, lo único que nos importa es estar cerca de la persona objeto del deseo. Dejaríamos de lado cualquier asunto vital —aunque involucre a personas que queríamos en profundidad— para compartir tiempo con una persona, incluso si este individuo nos está haciendo daño. Es decir: somos víctimas de una adicción... con mucho prestigio social.

Como nos recuerdan algunos autores, entre ellos la bióloga Helen Fischer, hoy en día sabemos que el frenesí romántico está compuesto, simplemente, de síntomas propios de toxicómanos. Por una parte, sus efectos físicos son similares a cualquier droga. La adicción que causan las hormonas de la otra persona, el estado de conciencia alterado que nos lleva a perder la racionalidad y el síndrome de abstinencia que genera la ausencia del otro son similares a los que provocan sustancias como la heroína, el alcohol o la cocaína.

Por otra, a nivel psicológico, también podemos hablar de adicción. La mayoría de los problemas vitales que experimentan las personas que tenemos a nuestro alrededor están causados por el amor pasional. Se trata del tipo de trastornos vitales que causan todas las sustancias adictivas: personas obsesionadas con su adicción que descuidan el resto de los aspectos de su vida, como la amistad, el trabajo, la familia o la salud. El único efecto positivo (al igual que cualquier droga) es la sensación de euforia del primer momento.

A partir del Romanticismo, sin embargo, este entontecimiento temporal ha gozado del favor social. Está mal visto recordar los efectos negativos del amor pasional. El hecho de estar enamorado tiene siempre connotaciones positivas aunque en una gran cantidad de casos sea perjudicial para la persona que vive ese estado. Cuando el flechazo acaba mal (o sea, casi siempre), lamentamos la elección de la persona, no el hecho de haber estado enamorados. Es como si cuestionásemos la elección de una determinada droga... en vez de la toxicomanía en sí.

Mi visión de esta mitificación del amor pasional es polémica. Sé que voy en contra del caché social que tiene esta sensación, pero no soy el único. Autores como, por ejemplo, el psicólogo inglés Frank Tallis, nos están haciendo replantearnos esta estrategia ante el amor romántico. Como él nos recuerda, si cambiáramos nuestra concepción y lo etiquetáramos como enfermedad, sería sencillo introducirlo en manuales de diagnóstico. Y quizá podamos tomar alguna medicación para «curarnos» de sus efectos.

A algunos ahora les parecerá un planteamiento frío y carente de empatía. Pero quizá en unas décadas se recuerde a estos detractores del ciego Cupido como héroes que aliviaron el sufrimiento del ser humano. Todos hemos padecido años enteros de angustia inútil por estar enamorados de alguien que ahora nos resulta indiferente. ¿Qué hubiéramos hecho si hubiera existido una pastilla capaz de detener nuestra dependencia de esa persona? ¿La hubiéramos tomado? Ahí te dejo la pregunta...

Teniendo en cuenta esta opinión tan desmitificadora y pragmática que Luis nos ha aportado, a continuación veremos la otra perspectiva, una visión complementaria, a la que le podemos dar incluso un aire vitalista, algo que hace que seamos capaces de interpretar el amor como esa energía que nos hace sentir vivos o con las ganas, la fuerza o el coraje suficiente para afrontar retos que de otra forma casi no nos atreveríamos ni a imaginar. Vamos a ver ahora la perspectiva que tiene Mónica sobre el amor.

Yo empezaría por mencionar que el cerebro enamorado funciona de una forma completamente diferente a cuando no está enamorado. Es verdad que hay un componente adictivo que está muy ligado al circuito de recompensa y muy cercano al mecanismo de la adicción. Ligado también a la serotonina, se genera un vínculo terriblemente fuerte con la persona amada. A mí me gusta mucho lo del vínculo, porque creo que como seres humanos es natural y protector que establezcamos vínculos, porque eso, en los momentos difíciles, nos hace ser más resilientes, luchar por nuestro propósito o sacar fuerzas de flaqueza cuando parece que no tenemos nada de donde tirar.

Tiene un componente de locura que me encanta, porque eso de que te nubla la razón es rotundamente cierto, ya que el córtex prefrontal de nuestro cerebro, la parte más racional y más evolucionada que tenemos, baja su nivel de actividad. Se razona muchísimo peor. Y me gusta lo de la locura, porque me viene a la cabeza una frase de Nietzsche que decía que «siempre hay algo de locura en el amor, pero siempre hay algo de razón en la locura». Y creo que, a veces, cuando estamos tan locos porque estamos enamorados y sentimos lo que sentimos es cuando aplicamos más sentimiento a lo que hacemos y a las decisiones que tomamos, sin dejarnos influir por terceros, sin autolimitarnos por creencias o prejuicios. Me parece fascinante ese cóctel químico moviéndose a toda velocidad por nuestro torrente sanguíneo y todos los efectos que nos genera, algo tan natural y a la vez tan difícil de conseguir.

Yo creo que ahí estamos muchas veces más cuerdos que nunca. Y creo además que hay una cosa muy buena en eso que es el coraje, porque el amor te da mucho coraje. Cuando experimentas un amor romántico intenso, absolutamente desbordante, eres capaz de hacer cosas que en otro momento no serías capaz ni por asomo. Y no te las piensas. Luchas, luchas, sacas fuerzas de donde no creías que las tuvieras. He visto a gente luchar mucho por el mero factor de estar enamorada.

TIPOS DE AMOR

Si cuando piensas en los tipos de amor te viene a la mente un triángulo, es porque alguna vez has leído u oído hablar de la teoría de Robert Sternberg, un psicólogo estadounidense que puso como pilares fundamentales del amor completo (o amor consumado) la intimidad, la pasión y el compromiso. Claro que no siempre se van a dar todos estos pilares, o esquinas del triángulo, en todas las relaciones de amor que tengamos. Y si se dan, lo más seguro es que no se den todo el tiempo. Fluctuamos. Nos movemos. Por lo que a la pregunta de dónde ubicamos cada una de nuestras relaciones habría

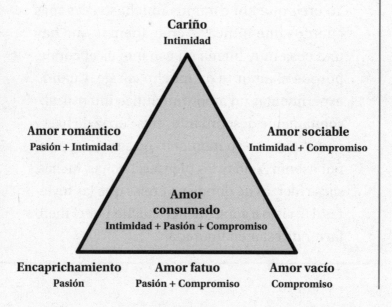

que ponerle siempre la palabra «ahora». ¿Qué tipo de amor gobierna tu relación ahora con esa persona? ¿Le ponemos nombre a cada una de las posibles combinaciones?

Cuando «solo» hay uno de los vértices, según Sternberg, estaremos ante:
- Cariño. Estás con una de tus «personas favoritas del momento». Tenéis una relación íntima donde podéis ser tal y como sois. Estáis a gusto y queréis «quedaros más tiempo». Es lo que sentimos cuando estamos con nuestros colegas.
- Encaprichamiento. Miras y te mira. Os veis. Sabéis que queréis disfrutar ahora de un tiempo juntos sin pensar más allá. Es el amor sin más vínculo que la pasión del momento. El más «tinderiano».
- Amor vacío. Puedes confiar en que esa persona que tienes a tu lado va a seguir ahí. Estáis de acuerdo en seguir adelante con ese dúo que formáis. Tenéis vuestras reglas, pero no hay espacio para momentos apasionados ni para compartir cómo os sentís.

Cuando se unen dos vértices, según Sternberg, estaremos ante:
- Amor romántico. Os conocisteis en ese viaje de fin de curso. Compartisteis un verano. Sabíais que tenía fin y que no iría más allá.

Hubo pasión y confesiones. Y tal vez ahora quede una bonita amistad... o no.

– Amor sociable. Con el paso de los años, sin saber por qué, el deseo y la pasión fueron pasando a un segundo plano. O puede que nunca los haya habido. Pero el cariño y el compromiso por ese equipo que habéis creado siguen intactos.

– Amor fatuo. Hace tiempo que no habláis de planes de futuro, no compartís inquietudes; pero la pasión sigue fluyendo como el primer día y queréis que así siga, en ese equipo confiable que tenéis.

Cuando se unen los tres vértices, según Sternberg, estaremos ante:

– Amor consumado. Todo fluye. Sí. Es ese amor que todos dicen tener, pero que pocos realmente consiguen construir. Vosotros habláis de todo, os sentís cómodos con la persona que os acompaña, os queréis y aceptáis tal y como sois. Crecéis y evolucionáis juntos. Las discusiones os hacen más fuertes. Las termináis con un acuerdo. Hay tiempo para la pasión y para la charla. Confiáis. Sois un equipo diez. Y aun así sabéis que no podéis dar nada por sentado. Que la relación se riega cada día y se puede acabar el día menos pensado.

La inmensa mayoría del sufrimiento y de las cosas negativas que nos pasan a los seres humanos tiene que ver con el amor. Y por eso es importante desmitificar el amor romántico. Por eso es importante decir que bueno, que es un fenómeno que está ahí y que podemos vivirlo lo mejor posible. Pero el hecho de que no te salga bien no significa nada malo sobre ti mismo. A lo mejor incluso todo lo contrario. A lo mejor es que has sido suficientemente listo como para apartarte, por ejemplo, de una relación tóxica.

¿EL AMOR LO JUSTIFICA TODO?

Hace tres siglos, allá por el año 1726, los profesores de la Facultad de Medicina de la Universidad de Helmstedt (Alemania) se reunieron para dictaminar sobre un caso complejo. Tenían que dilucidar si se podía considerar loco a un joven teólogo luterano que, enamorado de una muchacha calvinista, había empezado a escribir panfletos antirreligiosos. La conclusión fue que, efectivamente, el muchacho había perdido el *iudicium rationis* (es decir, el sentido común) *per nimium amores* (por «esa tontería llamada amor», como luego cantaría Freddie Mercury). Como puedes ver, hace trescientos años ya se justificaban los errores (incluso los más graves: en esa época, lo que había hecho el joven era atroz) echándole la culpa al amor. Y hoy en día, la utilización del amor como coartada sigue presente en el jurídico: en los juicios del caso Malaya o del caso Noos, por ejemplo, las defensas argumentaron repetidamente que el estado de enamoramiento del acusado debía considerarse como atenuante de los delitos. Se dice que muchas personas «no pudieron» negarse a lo que les pedía su pareja porque estaban enamoradas de esa persona.

En otros terrenos de nuestra sociedad, la justificación por adicción amorosa es también recurrente. «Sin ti no puedo vivir» es, todavía, la frase más repetida en miles de canciones que continúan ensalzando al que no es capaz de dejar atrás un antiguo amor. La música, educación emocional de la mayoría de nosotros, glorifica aún los actos irracionales que cometemos por resentimiento supuestamente romántico. Una recordada canción del grupo Roxy Music lo afirmaba con rotundidad: «Love is the drug», el amor es la droga. Alaska y Dinarama pusieron a un montón de gente a cantar aquel insistente estribillo: «No me arrepiento/volvería a hacerlo/son los celos» hablando de una mujer que atropella de forma deliberada al amante que la ha traicionado. Paquita la del Barrio sigue mitificada en ambientes modernos mientras afirma en una de sus canciones: «Tú no sabes el mal que tu boca me hizo (…)/fue el comienzo de larga condena/que un día tendrá fin/pusiste en la boca tan dulce veneno/que en la vida llevo/como maldición/Hoy a ti de rodillas llorando me acerco/a que me des otro beso/y acábame de matar».

Efectivamente, una vez que estamos envueltos en esa neuroquímica adictiva, parece que controlar nuestros actos es muy difícil. Fíjate en lo que sabemos, por ejemplo, de la oxitocina, una de las hormonas involucradas en el asunto. Esta sustancia provoca sensaciones muy agradables de comunión con la persona a la que amamos, complicidad con lo que dice, comprensión de sus errores, confianza en sus intenciones... Es decir, nos lleva a dejarnos engañar por un manipulador si ese es el objeto de nuestro afecto, a disculpar la violencia verbal en una relación tóxica echándole la culpa a algún agente externo y a construir una arquitectura vital dañina para nosotros si es lo que busca la otra persona.

Cuando estamos enamorándonos, cualquier cosa que haga la otra persona nos va a enamorar más aún. Si es fría emocionalmente, pensaremos que eso se debe a que tiene una coraza por lo que ha sufrido en sus experiencias anteriores. Si no habla, tiene una tormentosa vida interior que no expresa porque sabe que nadie va a entender. ¿Has oído hablar de la hibristofilia? Es la atracción que tienen algunas mujeres por los criminales. Hay varios casos de personas que se casan con asesinos en serie, sabiendo que lo son. La oxitocina permite encontrar justificación a cualquier brutalidad... ¡Y solo es una de las hormonas que nos encadena en la fase de amor pasional! Hay unas cuantas sustancias más que potencian esa adicción que sentimos. Por ejemplo: por el simple hecho de estar cerca de la persona amada segregamos dopamina, una hormona que produce sensaciones agradables aunque lo que esté ocurriendo no nos guste. Eso hace que, incluso cuando estamos viviendo una situación potencialmente peligrosa, nuestro estado de ánimo sea placentero. ¿Inquietante, no?

Por eso creo que no debemos sentirnos culpables por aquello que hayamos hecho enamorados. Pero sí podemos empezar, a partir de ahora, a sentirnos responsables de haber llegado a ese estado. Aprender a hacer un buen *casting* emocional antes de que estas hormonas se activen evitaría que acabáramos atados a alguien tóxico.

Bueno, ¿cómo te quedas cada vez que termina Luis una intervención en la que desafía claramente el espíritu protector que Mónica tiene hacia el amor? Veamos la contrarréplica de Mónica.

¿EL AMOR SOLO SIRVE PARA SUFRIR?

Yo estoy de acuerdo con eso y estoy de acuerdo en que la ofuscación de nuestra razón debe tener unos límites y nosotros tenemos que saber poner esos límites. Con cóctel hormonal o sin él. Nosotros tenemos que acotar, igual que tenemos que acotar ese nivel de sufrimiento, porque el desamor no puede ser una sensación de fracaso para con nosotros mismos. Yo siempre he visto el desamor como una puerta al siguiente amor, una puerta a veces mucho más amplia y con más oportunidades que la anterior y con un enorme aprendizaje que me he llevado entre medias.

Quizá yo sea muy optimista en este punto. Es obvio que no sientes lo mismo si te dejan que si tú dejas una relación. A veces, cuando te dejan, sufres y lloras mucho. Pero bueno, aquí entra en juego la resiliencia. Es que hay que levantarte. No es que hayas hecho cosas mal, o sí, pero el mundo no se acaba ahí. Ahora me quedo con una sensación muy positiva que creo que es la de la pasión. La hago extensiva en su concepto, es decir, concepto de pasión asociado a esa primera capa del amor impulsiva, con un impulso sexual indiscriminado que está marcada por la testosterona. Cuando estás enamorado, tienes tendencia a sentir mucha pasión hacia las cosas que te rodean. Es como si necesitáramos utilizar la energía que nos aporta la testosterona para hacer muchas más cosas que el propio hecho de amar. A mí me gusta ese concepto holístico de pasión derivado del acto de enamorarnos. Creo que no avanzaríamos en la vida si no tuviéramos un punto de pasión. Y ese punto de locura muchas veces está vinculado con la pasión.

 ## ¿Hay fases en el proceso de enamorarse?

Por supuesto, hay algunas fases habituales en esto del amor. Hay fases que se repiten y por las que pasamos, que tienen además un tiempo más o menos estipulado. Podríamos distinguir dos. Una primera fase que es ese amor romántico, ese amor pasional que dura en torno a tres o cuatro años, que es lo que duran las hormonas, lo que duran la testosterona, la noradrenalina y la oxitocina. Al cabo de tres o cuatro años sobreviene una sensación de acostumbramiento. Entonces, el *amor pasional* se puede o no resolver en *amor compañero*, es decir, en esa sensación de que realmente la otra persona te está nutriendo de un modo más sostenido para estar más feliz. Realmente tenéis un proyecto vital juntos. En la primera fase todo esto no importa. En esta fase, las dos personas se miran la una a la otra, y no miran a ningún lado más. En los primeros tres años prácticamente nadie rompe una relación. Es decir, una vez enamorado, es muy difícil dejar una relación antes de que se te acaben las cadenas que suponen las hormonas. ¡Es pura estadística!

Las estadísticas no son muy claras en torno a los cinco o seis meses, que es lo que puedes tardar en enamorarte. Bueno, depende del intercambio de fluidos. Vale, todo esto parece que viene desde los besos, dicen ahora, no tanto desde la sexualidad, como siempre se ha dicho, sino más bien desde los besos. Ahí es donde se produce el gran intercambio de fluidos. ¿Y tú qué estás detectando? Tú estás detectando que la otra persona, por ejemplo, tiene los antígenos que a ti te hacen falta, los anticuerpos que necesitas. Eso es lo que realmente hace que te enamores. Luego la razón se dedica a explicarlo, a decir, ¿es que nuestro sentido del humor vibra en la misma frecuencia o es la única persona con la que puedo hablar y que me comprende? No, no, qué va. Lo único que pasa es que tiene los anticuerpos que a ti te hacen falta. Nada más. Eso se detecta con los besos en cuatro, cinco o seis meses.

En ese tiempo, nuestro cuerpo averigua si el sistema inmunológico de la otra persona está preparado para combatir virus que el nuestro no puede rechazar. La razón es evolutiva: si nuestra prole tiene varios tipos de defensas diferentes, podrá rechazar más enfermedades. Mediante el intercambio de fluidos que suponen los besos, averiguamos el tipo de anticuerpos con el que cuenta la otra persona. Sabemos que estamos siendo poco románticos, pero... ¡es lo que hay! El asunto está tan claro que la ciencia ya ha identificado muchas de las sustancias que participan en el proceso. Por ejemplo, un estudio publicado recientemente en la revista *Nature* ponía nombre a nuestra compatibilidad amorosa. Ni sentido del humor compartido, ni química sexual, ni conversaciones profundas: lo que hacemos es buscar una persona con un antígeno leucocitario humano (HLA) muy distinto al nuestro. La mayoría de los animales detectan esa histocompatibilidad distinta a la suya mediante el olfato. El ser humano prefiere buscarla mediante saliva y sudor, es decir, besos y... es lo que tardas en enamorarte desde ahí hasta los dos o tres años siguientes. Hay una tormenta de hormonas de la que no podríamos liberarnos, incluso aunque nos diéramos cuenta de que la otra persona es trágica. Para nosotros es dificilísimo liberarnos; si lo intentaras, estarías luchando contra tus hormonas. O sea, es casi un síndrome de abstinencia, para entendernos. Y da igual lo que diga tu razón, es decir, tu razón puede tener clarísimo que esa persona no te está resultando nutritiva, no es positiva para ti. No importa, porque las hormonas están ahí.

Luego empieza otra fase diferente. El sistema hormonal cambia completamente, y ahí podríamos decir que está el verdadero amor. El verdadero amor se encuentra en el amor compañero. Un amor rotundo, estable y libre de cadenas hormonales. Es el momento en el que dejamos de mirarnos el uno al otro y comenzamos a mirar juntos hacia adelante.

Podemos pensar también que, aunque solo nos sirva ese *amor pasional* del principio para llegar al *amor compañero,* merece la pena, ¿no te parece? Porque, además, todo ese cóctel de hormonas del que hablábamos te va a generar hasta mejoras en el sistema inmunológico. Está comprobado que te ponen menos veces enfermo. Bendito sea que te tires tres años y medio manteniendo mejor tu salud y con energía e ilusión suficientes para hacer muchas otras cosas.

El psicólogo

Creo que un buen factor de salud sería que tuviéramos algunos termómetros personales que nos permitan decidir cuándo ese amor pasional inicial, en vez de desembocar en un sentimiento de compañerismo vital, se va convirtiendo en adicción obsesiva.

¿Quizá algunos de esos termómetros puedan estar relacionados con la autoestima? Si queremos a alguien y sentimos que podemos escoger entre esa persona y otras alternativas de vida, nos sentimos orgullosos de nuestro amor. Presumimos de él, no lo ocultamos. Creemos que la otra persona extrae lo mejor de nosotros mismos y por eso no sentimos que haya poca distancia entre lo que nos dicta el cerebro y lo que nos dice el corazón. Cuando intuimos que amamos libremente, nuestras emociones y nuestra mente caminan juntas hacia la otra persona. Y entonces tenemos clara la salud de nuestra relación.

Sin embargo, cuando nos sentimos adictos a alguien, nos avergonzamos de esa dependencia. Intentamos continuamente escapar de la ligazón que nos une a la otra persona y tratamos de ocultarnos la relación a nosotros mismos y a los demás. Sabemos que nuestra necesidad del otro extrae lo peor de nosotros mismos, nuestro lado más oscuro. Aun así, nos sentimos incapaces de abandonar al compañero. El corazón y el cerebro están separados: la mente sabe perfectamente que la historia no merece la pena y acabará tarde o temprano. Pero, de momento, el corazón nos pide buscar a nuestro ser amado porque siente miedo ante la sensación de aislamiento que seguiría a la pérdida.

Nuestra autoestima puede servir de termómetro para no caer en un amor insano. Como cualquier termómetro, eso sí, es necesario mirarlo para que sea útil: si nos ofuscamos con las sensaciones amorosas que justifican cualquier acto de la otra persona, nos olvidamos de analizarnos a nosotros mismos y ver cómo vamos de amor propio.

La coach

Yo me centraría en el *carpe diem*. Vive ese momento, disfrútalo, como dice Luis, cien por cien. Porque la vida no suele darnos muchos procesos en los que nos sintamos más fuertes, más ilusionados y más sanos que nunca. Y porque el proceso evolutivo de la humanidad en el fondo ha sido posible gracias a esas hormonas y a disfrutar sin miedo de enamorarnos de alguien.

Me centraría también en algo que hemos mencionado a lo largo de este capítulo, y es que aquí no hay fracaso. No me gusta la palabra fracaso asociada al amor. No me gusta la palabra fracaso, en general, pero asociada a la emoción del amor me gusta aún menos. Yo me quedaría más con que tengo que volver a intentarlo de una forma diferente o a lo mejor con otra persona distinta, pero todo lo que vives cuando estás enamorado creo merece mucho la pena. No has fracasado si esto se corta en un momento determinado, sino que estás ante una gran oportunidad de volver a vivir, de volver a tener ese chute de energía, de ilusión, de ganas de comerte el mundo. Muchas veces vemos que nos ofrecen cócteles de vitaminas o dosis de oxígeno para rejuvenecernos y sentirnos vitales y fuertes, aunque quizá debiéramos considerar abrirnos a la experiencia de enamorarnos sin pensar si durará mucho o poco, si sufriré o no, si me dejarán o tendré que dejar a esa persona y pasar por un momento difícil. Tal vez necesitemos pensar en lo potente y alquímico que es el puro proceso de enamorarnos.

El estudiante

No hace mucho, en una charla con oyentes del pódcast, una amiga que llevaba toda la vida con su pareja (se conocieron siendo adolescentes y ya iban camino de los treinta) preguntó a Luis que cómo se hacía para seguir enamorados. La respuesta de Luis me encantó y, como él no la ha comentado, la comparto contigo en mi hueco del final. Luis respondió que la clave era tener varias relaciones. Y no se refería al poliamor (creo ;)). Hablaba de que las personas vamos evolucionando. El compañero de aventuras que somos ahora —ese que se lleva muy bien con su pareja— puede que dentro de un año ya no sea interesante para la otra parte. Porque lo que sí es seguro es que vivir la vida (en vez de sobrevivirla) nos lleva a crecer, probar cosas nuevas, abrir el abanico de posibilidades, evolucionar y cambiar de opinión. Y si decidimos ir en equipo, en pareja, no vale si solo evoluciona una de las dos partes. ¿Estarías a gusto teniendo una conversación con una persona con las inquietudes que tenías hace diez o veinte años? En mi caso, estaría todo el día hablando de radio. Era bastante pesado con el tema. Me sabía de memoria los nombres de los locutores y los programas de casi todas las emisoras nacionales. Ahora no tengo ni idea. Es más, tampoco me interesa. Así que si yo no estaría cómodo charlando conmigo mismo de aquello que me asombraba hace veinte años, ¿cómo voy a pretender que, siendo el mismo de siempre, mi equipo no se resienta?

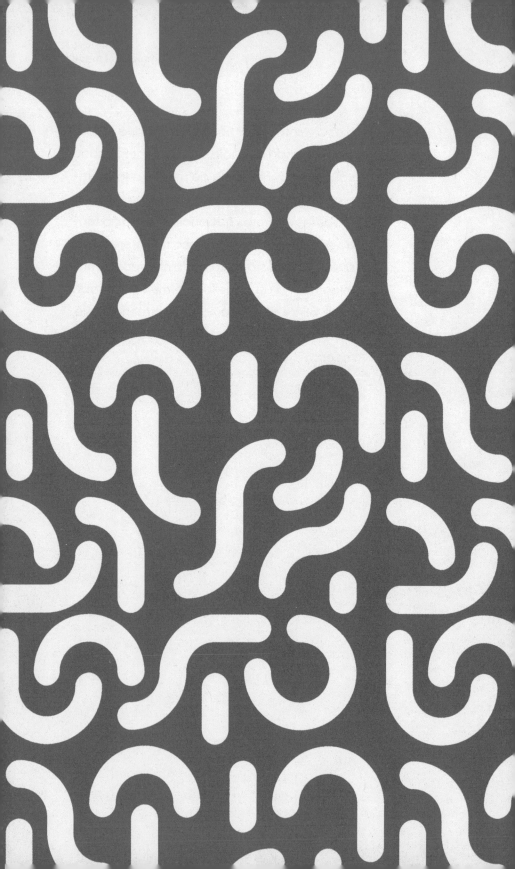

Resiliencia

Un antiguo refrán dice que «nadie conoce el carácter de la veleta hasta que sopla el viento». En los momentos de crisis, los seres humanos ponemos en marcha mecanismos que ni siquiera sabíamos que teníamos. Esas estrategias nos sirven, primero, para sobrellevar esas circunstancias difíciles. Después, nos ayudan a salir de ellas. Hay múltiples formas y caminos para salir de una crisis, y esto, como veremos, depende mucho de cada persona. Pero más allá de qué vía utilizamos cada uno, lo que de verdad importa es salir adelante y levantarnos, volver a encarar el presente y recuperar la capacidad de ilusionarnos, cuando parece que estamos atravesando un oscuro túnel del que no alcanzamos a ver ningún final.

En *Entiende tu mente* creemos que pocas capacidades son tan representativas de esta reivindicación de la imperfección que hacemos. Realmente ser resiliente es ser imperfecto y vulnerable…, y seguir adelante.

¿QUÉ ES LA RESILIENCIA?

Podemos definir la resiliencia como la capacidad de proyectarnos en el futuro a pesar de estar viviendo acontecimientos desestabilizadores. Es una actitud de superación ante situaciones adversas que se producen en la vida o ante momentos de elevado nivel de estrés. Esa forma de afrontarlos nos permite avanzar y desarrollarnos, potenciando la adquisición de recursos internos para afrontar de la mejor forma posible y con una buena estabilidad emocional, las situaciones de adversidad en el futuro.

La resiliencia es una de las palabras más feas que se utilizan en psicología, pero sin duda el concepto que guarda es precioso. La palabra, tomada del inglés, abarca la facultad de seguir adelante cuando las cosas te están yendo mal. La capacidad de ponerte de pie cuando te vienen mal dadas. Es seguir y seguir con gallardía cuando están lloviendo piedras.

Hay muchas ideas y muchas frases que definen la resiliencia. Vamos a citar un par para ponernos en situación.

Una de las metáforas más acertadas para la resiliencia es la del junco. Los árboles se suelen apreciar como un ejemplo de robustez, esos de tronco grande y duro que parecen poder resistir cualquier envite. Sin embargo, y aunque a priori pudiera sorprendernos, también se pueden partir y, una vez que se parten, ya no hay quien los ponga en pie de nuevo. En paralelo, solemos tener la idea de que las plantas son mucho más débiles, muy vulnerables y que rápidamente con un golpe de viento se vienen abajo. La resiliencia estaría justo en medio entre su fortaleza (eso sí, cuando se rompen, se rompen del todo) y su excesiva debilidad (con cualquier golpe de viento se vienen abajo). Porque el junco parece doblarse, a veces hasta parece humillarse ante el viento, pero luego vuelve a ponerse de pie cuando el viento cesa. Eso es justamente lo que significa la resiliencia, una cierta capacidad de adaptarnos ante los golpes, con flexibilidad, para volver a nuestra posición original cuando las bofetadas de la vida cesan.

Y luego hay otra frase que es muy explicativa para hacernos una idea de lo que supone ser resiliente, y es la que dice que las crisis son solo un paso atrás que das para luego dar un salto aún mayor hacia adelante. Eso también define la resiliencia, el entender las crisis como una oportunidad de crecer, de empezar de nuevo desde un sitio mucho más avanzado.

Curiosamente el término resiliencia se utiliza mucho en ingeniería para describir los comportamientos de los materiales, y es esa capacidad de doblarse y después recuperar su forma. Es cierto que el ser resilientes nos hace más fuertes, nos hace generar recursos internos, porque vemos que hemos sido capaces de levantarnos después de recibir un golpe más o menos duro en nuestra vida. Y es importante que veamos todas esas crisis, todos esos momentos difíciles, como una oportunidad de crecer, de ser más fuertes, de ser más grandes.

La vida tiene momentos duros, esos son inevitables. Lo que sí podemos hacer es afrontarlos con la máxima flexibilidad posible, y adquirir un aprendizaje de ellos que nos permita después ir más lejos, con mucha más fuerza. Así, cuando nos enfrentemos con adversidades de la vida, que puedan ser incluso más difíciles que esta que tenemos ahora delante por superar, las pasemos por encima y no nos pasen ellas a nosotros. Es un poco el concepto de resiliencia. Que los eventos difíciles de nuestra vida no puedan con nosotros, aunque nos dejen cicatrices, y eso debemos aprender a aceptarlo, pero no permitir que nos dejen KO y nos arrebaten la ilusión de vivir.

Quizá deberíamos empezar por dejar de hablar de que tenemos una «vida difícil», porque realmente lo que afrontamos es una sucesión de momentos que son difíciles, a veces demasiado cercanos unos de otros, pero son eso, momentos, puntos en nuestro espacio físico temporal entre los que se encuentran otros mucho más dulces, que a veces ni siquiera alcanzamos a saborear. En esos puntos difíciles y oscuros, la clave reside en ser capaces de afrontarlos y levantarnos después con la mirada limpia y el corazón y la mente sanos para visualizar y saborear el lado dulce de la vida, que también existe. Y eso tiene que ver con el sentido vital en el que entroncamos las experiencias que vivimos.

RESILIENCIA Y SENTIDO VITAL

El neurólogo y psiquiatra austriaco Victor Frankl estuvo prisionero durante mucho tiempo en campos de concentración de la Alemania nazi. Allí, en medio del sufrimiento, este investigador se hacía una pregunta constante: las personas que están aquí, personas que lo han perdido todo, que han visto destruir todo lo que valía la pena y que padecen hambre, frío y brutalidades sin fin..., ¿cómo pueden seguir aceptando que la vida es digna de vivirla? ¿Cómo pueden seguir creyendo que merece la pena continuar? Preguntando a aquellos que mejor resistían en medio de ese dolor (más tarde desarrolló un método que partía de su famosa pregunta: ¿por qué no se suicida usted?), Frankl llegó a una conclusión que después fue la base de su método terapéutico, la logoterapia. Para él, el interés fundamental del ser humano no es encontrar placer o evitar el dolor, sino encontrarle un sentido a la vida.

La logoterapia afirma que el hombre puede soportar el sufrimiento si encuentra un sentido a su padecimiento. Durante su investigación, Frankl halló que la razón para seguir adelante de algunos presos del campo de concentración era la responsabilidad sobre el cuidado de sus hijos. Para otros, un talento, una habilidad sin explotar. A otros los movía continuar con la lucha revolucionaria o la religión. Incluso a algunos los ataba a la vida la conservación de ciertos recuerdos que ellos creían que merecía la pena rescatar del olvido.

Según la logoterapia, este sentido vital que nos ayuda a soportar tragedias es único y especifico. Y es uno mismo quien tiene que encontrarlo. Por eso, la pregunta sobre el sentido de la vida no debería plantearse en términos generales. Viktor Frankl decía que expresarla de esa manera sería como preguntarle a un ajedrecista: «Dígame, maestro, ¿cuál es la mejor jugada que debe hacerse?». No hay ninguna jugada que sea mejor o peor: todo depende de la situación del juego. Por lo mismo, el ser humano no debería inquirir cuál es el sentido de la vida, sino comprender que es a él a quien se le pregunta.

Niels Bohr, uno de los grandes científicos de la física cuántica, afirmaba que el sentido de la vida consiste en que no tiene ningún sentido decir que la vida no tiene sentido. Para Victor Frankl, sin embargo, nosotros no inventamos el sentido de nuestra existencia, sino que lo descubrimos. Y lo hacemos porque si carecemos de él vivimos alegrías y tristezas, éxitos y fracasos, pero todos son momentos aislados sin un centro común. Encontrar un sentido ayuda a vivir de forma global y, gracias a ello, a soportar con resiliencia las situaciones traumáticas.

Y en nuestra vida actual, en nuestra sociedad actual, en la sociedad del primer mundo, ¿cómo somos de resilientes? En general, los seres humanos tenemos un gran potencial de resiliencia. Sale o no a la luz dependiendo de las personas que nos rodean, de la época vital que estemos atravesando y del tipo de situación límite que vivamos. Pero nuestros recursos están ahí y se pueden entrenar.

Hay varias actitudes constructoras de resiliencia de las que hablaremos a lo largo del capítulo. Pero quizá la fundamental, la que basa toda la capacidad de resistencia, sea el realismo esperanzado. Para resistir el infortunio necesitamos ser capaces de reconocer la dificultad de la situación (sin optimismo comenubes) y, a la vez, entender que es temporal y podemos salir de ella. No se trata de frases del tipo «hoy todo va a salir bien», porque en realidad es altamente probable que hoy no todo salga bien o que nos parezca incluso que hoy nada ha salido bien. Cuando hablamos de esperanza, lo hacemos desde la perspectiva de ver esa oportunidad que acompaña a cada crisis. De buscar el lado claro que acompaña al oscuro y no ofuscarnos en que entre tanta oscuridad vital es imposible que haya la más mínima luz. Es obvio que, si nos ponemos unas gafas negras, con cristales totalmente opacos, jamás veremos el más mínimo resquicio de luz.

Otra actitud que nos hace mucha falta para ganar resiliencia es la de ser flexibles. Cuanto más rígidos seamos, más difícil es que nos volvamos a esa posición del junco que comentábamos al principio. La flexibilidad es una de las cosas que más ayudan en la vida para sortear obstáculos. El «tener cintura», que diríamos en términos futbolísticos. Porque igual que cuando hablamos de nuestros músculos, a nivel mental, si no contamos con un mínimo de flexibilidad, también nos rompemos. Nos rompemos por dentro. Podemos sentirnos fuertes, y quizá lo seamos, pero sin flexibilidad será difícil que, además de fuertes, seamos resilientes.

Y ahora, si te parece, analizamos un poco cómo vemos la sociedad actualmente en materia de resiliencia y de algunos factores que influyen de forma determinante en ella.

Hay veces que cuando buscas un beneficio inmediato te vuelves poco resiliente. Si eres capaz de ir aguantando y entrenando, pues seguramente vas a ir mejorando esos niveles.

Nos asombra la capacidad de resiliencia del ser humano. Vemos a gente que cree que es resiliente, que resiste, que sale adelante en medio de historias tan fuertes, tan duras, que nos sorprenden cada día. La capacidad de resiliencia es la cantidad diferente de recursos que tenemos los seres humanos. Somos muy muy resilientes. Siempre lo hemos sido. Los seres humanos hemos vivido épocas muchísimo peores que estas. Hemos conocido épocas en las que lo más normal era que se te murieran la mitad de tus hijos. Lo más normal era que tu pareja falleciera al cabo de tres o cuatro años después, en el primer parto. Lo más normal era que pasaras hambre. Lo más normal era que vivieras cuatro o cinco guerras a lo largo de una vida que duraba en torno a cuarenta años.

Todo esto nos ha hecho muy muy resilientes, bueno para aquellos que lo vivieron y bueno también para nosotros. Por ejemplo, cuando nos enfrentamos a algún periodo de crisis en el que a lo mejor no vemos la luz. No, no somos un junco que se mueve con fluidez, sino que a veces tiende a casi romperse. ¿Cómo podemos mejorar nuestra resiliencia? ¿Cómo podemos convertirnos en ese junco?

Im

Los terapeutas insistimos mucho en la importancia de tener presentes nuestros recursos personales para momentos de crisis. Todos hemos pasado por ellos y es muy importante recordar cómo salimos adelante. Cada uno tenemos nuestra forma característica de ser resilientes, nuestras «especialidades». Hay personas a las que su sentido del humor —su ironía, su capacidad de desdramatizar— les ayuda a salir del bache, y eso les permite distanciarse emocionalmente de lo que está ocurriendo. Otras que usan su ira como forma de transformar la situación. Hay quien prefiere, por el contrario, vivir los momentos duros desde el optimismo. Unos prefieren hacer deporte, otros jugar a videojuegos hablar con sus consejeros preferidos o refugiarse en la familia... Yo creo que cada uno tenemos nuestras estrategias para pasarlo mal (recuerda que somos miembros del Club de los Imperfectos, no pretendemos ser de piedra), pero resistir.

Para tratar de recordar cuáles fueron tus métodos resilientes en los momentos bajos, puede ser útil dividirlos en dos tipos. A veces buscamos esas fuerzas «hacia afuera»: amistades, bailes, pareja, hijos, fiestas, personas especiales... Otras buscamos «hacia dentro»: libros, meditación, ejercicio, paseos solitarios, música, videojuegos... ¿Cuáles son tus estrategias preferidas?

Sí, a mí me gustaría apuntalar esto que dice Luis, con lo que estoy absolutamente de acuerdo, porque además creo que todos nosotros, nosotros tres y casi me atrevería a afirmar que cualquier persona, en algún momento hemos vivido esta situación o una situación difícil de la que a priori pensábamos que no íbamos a poder salir, y después nos dimos cuenta de que sí podíamos.

Me parece fundamental que desterremos ese primer pensamiento de *no voy a poder*, porque eso nos genera una creencia limitadora terrible. Es decir, cuando piensas *no voy a poder*, empiezas a actuar como si no pudieras, cuando seguro que de alguna forma puedes afrontar ese reto vital que tienes por delante.

Una idea que comentaba Luis y que yo suelo trabajar en los procesos de *coaching* es ir hacia atrás en tu vida. Puede que no identifiques un momento tan difícil como el que estás sintiendo ahora. ¿Pero cuán difíciles eran esos momentos que superaste en otra etapa de tu vida?

Pongamos un ejemplo. Podemos imaginarnos a una persona que en un determinado momento de su vida dudó de que pudiera acabar los estudios que estaba cursando, porque lo veía muy cuesta arriba y pensaba que no sería capaz de avanzar, sino que se agotaría de intentarlo y acabaría por dejarlo. No veía posibilidades de conseguir ese reto ni se visualizaba alcanzándolo, que es aún peor. Esa misma persona, que al final sí consiguió acabar sus estudios, ahora se encuentra con un problema laboral. Seguramente sienta que su actual problema laboral es mucho más difícil de lo que en su día fue su contexto estudiantil. Ya, pero ¿cómo eras tú cuando te enfrentaste con el reto de acabar esos estudios y creías que no podías, y pudiste? A lo mejor contabas con menos recursos, menos experiencia, menos posibilidades tácticas y seguro que con menos capacidad de visualizar tu propio éxito. Y, sin embargo, lo conseguiste. Es decir, desterremos la idea de que no podemos, recuperemos esos momentos en los que pudimos, porque ese pensamiento de poder, de desafío, nos va a ayudar. Incorporemos el concepto de desafío a nuestra vida. No es trivial ver un problema, lo que ahora mismo estamos viendo como un problema o un momento difícil en nuestra vida, y transformarlo en un desafío, con un punto de desafío similar al que tuvo cualquiera de aquellos otros momentos adversos que fuimos capaces de superar, pero te aseguro que con el debido entrenamiento es perfectamente viable.

Así que me centro en esos dos pilares: desterrar la idea de que no podemos y visualizar el reto de superar la adversidad como un desafío. Las personas en situaciones críticas resolvemos con comportamientos que no sabíamos que podíamos tener y, desde luego, recuperar esos momentos para incluso visualizarlos y decir cómo nos sentimos. Podemos hasta recuperar el recuerdo. Esa sensación de satisfacción cuando conseguimos salir del túnel.

Como dijimos, yo he podido con el problema. No han podido conmigo. Lo he luchado y lo he conseguido. Ese sentimiento de desafío, de lucha, de ganar, lo hemos experimentado en otros momentos de nuestra vida. El de ahora es diferente, claro. Pero nuestra situación también es diferente. No pensemos que estamos más desvalidos que hace tiempo, porque, como decíamos antes, estamos cada vez más entrenados y preparados para afrontar y superar la adversidad.

«NOS VAMOS A EQUIVOCAR Y VAMOS A PASAR POR MOMENTOS DIFÍCILES»

Un informe de 2018 elaborado por una conocida empresa tecnológica decía que cada día tomábamos treinta y cinco mil decisiones. Afortunadamente la gran mayoría de manera automática (aquellas de las que se encarga nuestra memoria procedimental, como la de cuándo cambiar de marcha en el coche o dónde poner el dedo para presionar el botón de la letra «a» al escribir usando un teclado). Pero entre estos miles de decisiones ten por seguro que en alguna te equivocarás. Girarás por donde no debes, comprarás los cereales que no les gustan a tus hijos o irás a esa fiesta de tu mejor amigo sin el atuendo adecuado. Y esas serán las menos traumáticas. Porque habrá otras donde las cosas se pongan más «feas».

Y, ojo, aquí solo estamos mirando nuestras acciones. Imagínate las que no dependen de ti, que son la mayoría. Las de tu entorno: que a tu jefe le dé por despedirte, que el profesor de la universidad ponga un examen imposible o que tu pareja se enamore de otra persona y te deje por un mensaje de WhatsApp. No tenemos control sobre la gran mayoría de las cosas que nos van a ocurrir.

Sí. Nos vamos a equivocar y nos vamos a encontrar con acontecimientos que nos superen. Nos va a tocar poner a prueba nuestras capacidades resilientes.

Vamos a hacer a continuación un resumen de todas las cualidades que una persona puede ir entrenando para mejorar su nivel de resiliencia. Todas esas actitudes y conductas que en nuestro día a día nos ayudan a ir superando los obstáculos y que se van consolidando como herramientas para conseguir ser cada vez más resilientes.

——ACTITUDES CONSTRUCTORAS DE RESILIENCIA

• Ser realista

Es importante que seamos realistas, porque hay veces que de verdad los problemas son excesivamente difíciles, o estamos pasando por situaciones altamente dolorosas, y es relevante que actuemos conforme al grado de dificultad que presentan los eventos de nuestra vida. Lo esencial, en cualquier caso, es que seamos capaces de relativizar ese momento dentro de todo lo que está pasando en nuestro contexto personal y que tratemos de pensar no solo en el problema, el problema existe y somos conscientes, sino sobre todo en las soluciones que podemos darle a esa dificultad y momento concretos.

• Entrenar el sentido del humor

En las películas es muy habitual que la persona curtida en situaciones límite haga chistes mientras se enfrenta a los malos, algo que le ayuda a cambiar su estado de ánimo y optimizar sus cualidades. El sentido del humor es un recurso muy valioso para afrontar la adversidad. No se trata de ridiculizar o de bajar artificiosamente el nivel de dificultad que tienen las cosas, sino desde un punto de vista más espontáneo tratar de quitarle una excesiva importancia a la que ya de por sí, y de forma objetiva, tendría cada evento adverso que nos encontremos. Y relajarnos en lo que es una tensión sobreañadida que muchas veces agregamos a cada situación.

• Ponerse retos

Los seres humanos más resilientes asumen los cambios como algo normal en sus vidas. Para ellos, la existencia y sus contratiempos inesperados son una oportunidad constante de crecimiento y mejora, no una amenaza. Una plasmación de esta característica psicológica que nos permite ser fuertes en medio de la adversidad es la expedición del Endurance. Se dice que en 1914, sir Ernest Henry Shackleton publicó un anuncio en el que pedía voluntarios para su expedición a la Antártida. El texto rezaba así: «Se buscan hombres para un viaje peligroso. Sueldo bajo. Frío extremo. Largos meses de completa oscuridad. Peligro constante. No se asegura retorno con vida. Honor y reconocimiento en caso de éxito». A pesar de su paradójica forma de publicitarse, el explorador recibió más de cinco mil solicitudes. De ahí eligió a los veintiséis hombres que le acompañarían en la Expedición Endurance, quizá el viaje más épico de la historia de la navegación.

Ese telegrama representa, desde entonces, la motivación que supone, para muchas personas, asumir retos y sacrificios, sin necesidad de otros refuerzos. Estos individuos son, en muchas ocasiones, los que mejor sobrellevan las situaciones límite. El desafío al ubicar un nivel de reto en cada una de las adversidades que vivimos nos lleva a desplazar las barreras naturales que ponemos ante la posibilidad de superar esa adversidad. Todos sabemos que hay límites y que no todo es posible de conseguir. Pensar que es posible alcanzar todo sería una utopía, pero es importante que planteemos un desafío en cada uno de los eventos adversos con el objetivo de ir explorando las distintas facultades que tenemos dentro de nuestra personalidad para afrontar esos retos y que hasta ahora son desconocidas para nosotros mismos. Esto es lo que hace que vayamos fortaleciendo nuestros recursos internos desde una perspectiva mucho más constructiva, es decir, de hacernos cada vez más grandes y más fuertes para afrontar las adversidades que puedan venir en el futuro.

• Mejorar el nivel de autonomía

Aquí relacionaríamos el concepto de autonomía sobre todo con la capacidad de control interno para afrontar la adversidad. Las personas que resisten más en momentos críticos se guían por la convicción de que son ellas (y no los demás, la casualidad o el destino) quienes deciden el curso de los acontecimientos. Pensar que no tenemos capacidad o recursos para enfrentarnos a algo nos lleva al síndrome de indefensión, es decir, a ni siquiera luchar por ello. Sentir que podemos hacer algo para afrontar un reto o un desafío o sobreponerse a una adversidad es especialmente importante para superarla con éxito. Estar convencidos de que somos capaces de hacer algo para enfrentarnos a un problema genera un nivel de autoconfianza que aumenta nuestras posibilidades de vencer esa crisis.

• **Cultivar la empatía**
Cuando la crisis o el problema que estamos viviendo están relacionados con otra persona, la empatía nos ayuda a ponernos en la piel de esa persona, en lo que de verdad está sintiendo, y a comprender mejor cuál es su realidad y qué es lo que le está impulsando a mantener una situación conflictiva con nosotros. Si entendemos su problema, probablemente podamos darle alguna solución desde nuestra perspectiva. Intentar construir algo positivo dentro de esa crisis o dentro de ese conflicto con esa otra persona nos ayudará a encontrar una solución en la que ambas partes ganan.

• **Tolerar la incertidumbre**
La incertidumbre, el no saber qué va a pasar o qué nos deparará el futuro, es una de las cosas que más tensas suelen poner a las personas, y cuando alguien está tenso, su amígdala se activa e inhibe el pensamiento racional. Esto suele generar dificultades para afrontar la adversidad. Es

como si no fuéramos capaces de contextualizar los problemas por falta de luz para verlos en su verdadera dimensión. Si somos capaces de ir entrenándonos para «funcionar» en entornos inciertos, nuestra capacidad para analizar los problemas y buscar soluciones adaptadas mejorará.

• Adoptar una visión esperanzada
Lo hemos comentado al inicio de este capítulo, ser capaces de ver la parte positiva de los momentos adversos, por muy pequeña que sea, mejora nuestra capacidad para superar esa adversidad. En realidad, lo que condiciona cómo nos sentimos no son las cosas que nos pasan, sino nuestra forma de percibirlas, el prisma a través del cual las vemos. Por ello, es importante desarrollar esa capacidad de entender cómo nos sentimos, de leer nuestras emociones con claridad, porque solo atendiendo a la manera en que nos sentimos, estaremos entendiendo lo que de verdad nos ocurre.

Y ahora vamos a dar algunas ideas prácticas para entrenar la resiliencia, ideas para que cada uno trabaje a fondo sus factores constructores de resiliencia y lleve mejor esos momentos duros de la vida.

El psicólogo

Los terapeutas trabajamos con la comunicación: la palabra es la forma en que se manifiesta la resiliencia. Y mi experiencia de décadas de psicoterapia es que hay una forma de expresar sentimientos característica de los momentos en que estamos más fuertes. Funciona en dos fases. En la primera, mientras dura la situación difícil, solemos inhibir la comunicación. Cuando estamos aún luchando contra el mundo, preferimos hablar menos del tema para evitar pensar sobre posibles desenlaces negativos de la situación dramática. No reflexionar sobre los «finales no felices» que podríamos vivir tiene un sentido claro. Sin embargo, esa tendencia a la evitación del tema puede tener consecuencias fatales si se instala en nosotros: una vez que la situación ha pasado, la resiliencia se afianza si hablamos con personas de confianza sobre lo que hemos sentido. Es importante ventilar la ira, el miedo o la tristeza para que no se pudran en nuestro interior.

Recuerdo lo que contaba a propósito de esto el psicólogo James Pennebaker cuando trabajó con afectados de erupciones volcánicas en Sudamérica. Él decía que en la zona donde la catástrofe todavía golpeaba, había mucha más gente que rechazaba ser entrevistada sobre el tema y que se negaba a aceptar las consecuencias emocionales de la tragedia. Sin embargo, en la comunidad en la que la erupción ya había ocurrido, les resultaba mucho más fácil expresar sus emociones acerca de la catástrofe. La negación, como nos recuerda Pennebaker, es una forma adaptativa que nos impide paralizarnos por el miedo al final infeliz que todavía no ha ocurrido y nos ayuda a ponernos manos a la obra para hacer lo que aún está en nuestras manos. Pero una vez pasada la situación límite, hay que recordar que somos humanos vulnerables y hemos tenido sentimientos «imperfectos»; es sano para seguir viviendo en la normalidad.

La coach

Bueno, yo me quedo con estas dos que estábamos comentando, que es desterrar la idea de que no puedes. Sí que puedes. Y para darle peso a esa creencia de que sí que puedes, recupera los recuerdos de cuando superaste situaciones complicadas en el pasado, en tu vida. A mí me gusta mucho apuntarlo, porque no es lo mismo andar con nuestros pensamientos que verlo escrito en un papel. Cuando lo hemos escrito en un papel, lo sacamos de nosotros, tomamos perspectiva, lo vemos, y es bueno verlo. Recupera todos esos momentos en los que fuiste capaz, porque lo eres y crees en la potencia de tus recursos.

No pienses que no vas a sufrir. Se sufre, se pasa mal, pero ese sufrimiento forma parte del aprendizaje. Y para salir de ello, busca tu método. Lo ha dicho Luis muy claro: cada uno tiene el suyo. No podemos dar un método aquí porque cada persona es única y cada uno de vosotros sois únicos. Busca tu método, busca lo que te funcionó, no busques lo que les funciona a tus amigos, sé tú y recupera eso tuyo.

El estudiante

Tendemos al equilibrio. Por un lado, en la parte biológica. El cuerpo quiere estar sano. Cuando necesitamos activarnos, el sistema nervioso simpático se pone en marcha y pisa el acelerador. Cuando hemos terminado lo que teníamos entre manos, el sistema nervioso parasimpático nos ayuda a recuperarnos de los esfuerzos, frena nuestra actividad corporal y metabólica y nos lleva al «modo tranquilo». A ese proceso le conocemos con el nombre de homeostasis.

Por otro lado, está la parte cognitiva. Cuando algo no nos encaja, cuando ocurre un acontecimiento inesperado que rompe nuestros esquemas, nos quedamos desubicados y tenemos que recomponernos. Entramos en el modo «disonancia cognitiva». No entendemos lo que está pasando y, luego, tras pasarlo mal (al menos un poquito), creamos nuevos esquemas que nos permiten seguir adelante, acomodando ese nuevo elemento con el que no contábamos hasta que le dio por aparecer. Y para terminar está la parte social. Nuestro entorno cambia. Surgen nuevos grupos, nuevos partidos políticos, nuevas formas de ver la vida, nuevos medios de comunicación, nuevas ideas. Tenemos que decidir si nos quedamos en un grupo o en otro, si somos líderes transformacionales que consigan que nuestro entorno se mueva con nosotros o si abandonamos el barco para subir a otro que nos lleve al destino que ahora nos apetece alcanzar. Estamos diseñados para ser resilientes. Para adaptarnos a nuevas situaciones. No nos queda otra, solo que a veces nos atoramos demasiado. Ya sea porque nos activamos demasiadas veces y no dejamos tiempo al «parasimpático» para hacer su trabajo; porque nos negamos a admitir una realidad que rompe con nuestros esquemas previos durante demasiado tiempo; o porque nos empeñamos en pensar que nuestro grupo siempre es el mejor en todo, aunque lleve años tomando el camino menos acertado. Si te cuesta poco asumir los nuevos elementos y volver al equilibrio, serás más resiliente. Si te cuesta mucho, te toca volver a leer este capítulo o, por qué no, pedir ayuda. Sea como sea, te animo a desarrollar tu resiliencia, porque tanto tú como yo la vamos a necesitar.

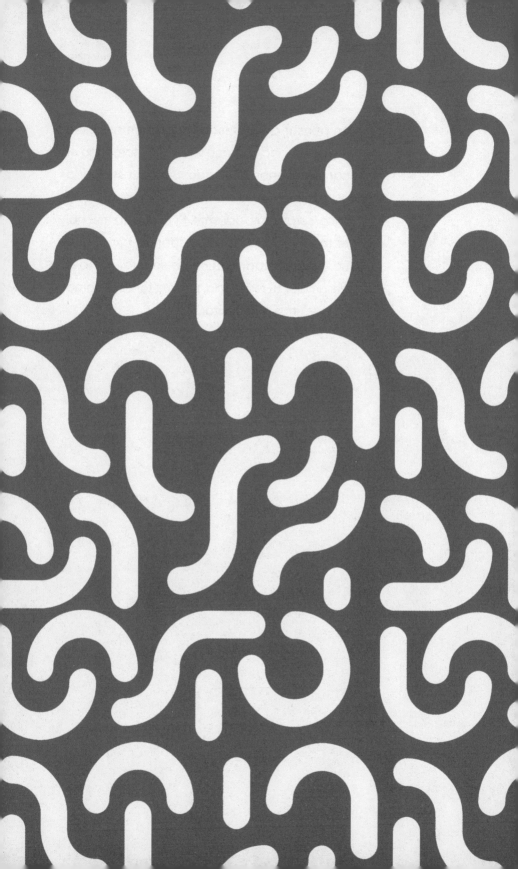

Anticipar en negativo

En este capítulo nos vamos a centrar en un aspecto muy común y que suele generarnos mucha incomodidad: la falsa creencia de que la anticipación negativa, todo eso que pensamos que puede pasar para que no lleguemos a cumplir nuestro objetivo, tiene alguna utilidad. Más bien sucede lo contrario: estos pensamientos negativos anticipatorios nos distraen, nos desgastan, nos restan energía. Vamos a analizar un poco por qué nos acechan y cómo podemos aprender a gestionarlos y vencerlos.

Si pudiéramos ver nuestras cabezas así, andando por la calle, veríamos a un montón de gente anticipando cosas que no le van a ocurrir. Se trata de eventos que, en la mayoría de las ocasiones, no van a suceder y, sin embargo, nos consumen mucha energía mental ¿Quizá sea así porque en los momentos negativos pensamos demasiado? ¿Puede que un 90 por ciento de acción y un 10 por ciento de reflexión sea un equilibrio más adecuado y que en las épocas de bajón se revierte y no paramos de darle vueltas a la cabeza?

¿QUÉ ES LA ANTICIPACIÓN NEGATIVA?

En salud mental, unos de los principales demonios son esos pensamientos intrusivos que contaminan el río cognitivo. En los malos momentos nos invaden una serie de creencias catastróficas que siempre se refieren a tres áreas: pensamos de manera negativa acerca de nosotros mismos, de lo que nos rodea y del futuro. Esta última tendencia es lo que denominamos anticipación negativa: nuestra cabeza se llena de acontecimientos que serían perjudiciales si se produjeran.

En principio, prever el futuro es una táctica adaptativa. Saber qué cosas nos pueden salir mal e intentar buscar soluciones antes de que sea tarde constituye, a veces, una táctica sana. El problema, como siempre, es la dosis: si nuestra corriente mental se llena de ese tipo de antelaciones catastrofistas, nuestro estado de ánimo se resentirá.

¿Por qué se da esta sobredosis de futuro negro cuando estamos de bajón? En psicología se identifican una serie de errores cognitivos que nos acaban empañando el cerebro. Estos serían los principales:

Inferencia arbitraria: Llegamos a conclusiones negativas aunque no haya evidencias que apoyen nuestra idea. De hecho, extraemos conclusiones negativas incluso aunque los hechos sean contrarios a nuestra hipótesis. Por ejemplo, cuando estamos tristes, podemos pensar que «mi pareja no me quiere y me va a acabar dejando», aunque esta persona te manifieste su cariño continuamente («lo dice porque le doy pena», «lo hace porque le interesa», etcétera).

Abstracción selectiva: Consiste en centrarse en un detalle extraído de contexto e ignorar otras características más relevantes de la situación. Cuando estamos mohínos, tendemos a encontrar algo negativo en cualquier interacción y valorar toda la experiencia de acuerdo con ese detalle. «Me han felicitado por la presentación de resultados que hice, pero una persona me dijo que la corbata no pegaba con el traje. Ha sido un desastre y mañana mi jefe me va a echar la bronca».

Sobregeneralización: Se refiere al proceso de elaborar una conclusión general a partir de uno o varios hechos aislados y de aplicar esta conclusión a situaciones no relacionadas entre sí. «No se me da bien hablar en público, así que seguro que la cita con esta chica sale fatal».

Maximización de lo negativo y minimización de lo positivo: Se evalúan los acontecimientos otorgándole un peso exagerado a lo malo e infravalorando lo bueno. «Mi vida personal ha sido un desastre. Todas mis relaciones de pareja han sido solo una fuente de problemas. En la actual estoy bien, pero siendo como soy, seguro que se estropea del todo».

Personalización: Cuando nos deprimimos, mostramos una tendencia excesiva a atribuirnos la responsabilidad de acontecimientos negativos en los que nosotros somos poco importantes. «Mis padres se separaron por mi culpa: soy una persona tóxica y seguro que en el futuro seguiré haciendo daño».

Pensamiento dicotómico o polarización: Se refiere a la tendencia a clasificar las experiencias en una o dos categorías opuestas y extremas saltándose la evidencia de valoraciones y hechos intermedios. «Los buenos amigos son los que siempre están ahí, el resto no merece la pena. Nunca tendré un amigo así».

Digamos que, por desgracia, para no estar todo el tiempo pensando en ese tipo de cosas, lo único que puedes hacer es dejar de pensar. Es decir, si hablamos del ser humano occidental, cualquier técnica de reconversión de pensamientos negativos a pensamientos más positivos no nos funciona, al menos aquí. En Oriente no lo sé, quizá en la India y, después de muchas horas de meditación, sea posible reconvertir pensamientos negativos en pensamientos positivos. Pero en Occidente creo que es imposible. Es decir, creo que lo que hay que hacer es dejar de pensar. Las técnicas tienen que ver con la parada de pensamiento, con dejar de darle vueltas a algo que no puedes anticipar y tener la percepción de que esa anticipación es completamente inútil.

Añadiría, además, que son automatismos, esto es, pensamientos que surgen de forma automática, espontánea y que a ese carácter negativo que tienen se les junta una característica que me parece también importante reseñar, y es que parecen creíbles. Esto pasa si no lo pienso mucho, porque si al final me pongo a racionalizarlo, me doy cuenta de que son irreflexivos, es decir, que es difícil e improbable que se puedan producir aunque lleguemos a identificarlos como verdades absolutas. O sea, cuando tienes un problema de pensamientos negativos, recurrentes y automáticos, esos pensamientos acabas por identificarlos como verdades absolutas. Y los hay de muchos tipos: catastrofistas, pensamientos extremos muy de blanco o negro, sin escala de grises. También están los pensamientos con efecto adivinatorio, eso de «seguro que tal cosa va a pasar», cuestiones que no son fácilmente predecibles, pero que tú no solo ves predecibles, sino también creíbles, con lo cual la sensación de angustia e inseguridad aumenta y esto nos lleva finalmente a la ansiedad.

Se genera un círculo vicioso porque cuanta más angustia, más ansiedad, y ya sabemos que la ansiedad al final te lleva a un pensamiento en espiral, recurrente y negativo que se puede evitar con esfuerzo. No te vamos a engañar diciéndote que es fácil, pero sí podemos asegurarte que no es imposible, y aquí te daremos muchos tips y muchas ayudas y muchas orientaciones para salir de ello.

Un producto de la evolución humana es nuestra capacidad de imaginar el futuro. Nos imaginamos los momentos o desenlaces de determinadas situaciones y visualizamos con nitidez cómo pueden salir las cosas. Y podemos dotar a esos resultados de una certeza que no es real: no tenemos una bola de cristal y lo único que estamos haciendo es anticipar posibilidades.

Además, a lo largo de años de selección natural, hemos desarrollado una tendencia exitosa pero peligrosa: la inmensa mayoría de nuestras anticipaciones son negativas. El psicólogo Nico Fridja denominó a este sesgo «ley de la asimetría hedónica»: las emociones placenteras tienden a diluirse aunque persista la situación que las provoca. Sin embargo, las negativas continúan mientras la causa siga ahí. Es decir: los seres humanos nos acostumbramos a la alegría, pero nunca nos acostumbramos a la tristeza. Para Fridja las emociones no son simétricas: las positivas tienen menos intensidad y duran menos que las negativas. Y eso se aplica también a las emociones que esperamos tener: es más fácil prever el miedo, la frustración —y la consiguiente tristeza— o la ira que la tranquilidad y la alegría. Si mañana tenemos un examen o nos dan los resultados de una prueba médica, lo más seguro es que anticipemos sentimientos turbios.

Según este autor, el origen adaptativo que subyace a la ley de asimetría hedónica es muy claro. Las emociones no están hechas para que seamos felices, sino más bien para que nos adaptemos al medio. Por eso, si el futuro va a ser de bonanza, no tenemos necesidad de imaginarlo: seguimos haciendo más de lo mismo que estemos haciendo sin preocuparnos. El sistema de alarma se activa solo cuando hay posibilidades negativas.

Lo que queremos recordarte es que, aunque este sistema sea adaptativo, llevado al extremo puede conducirnos a la parálisis y a la profecía autocumplida. El primer problema se da cuando nos colapsamos porque la anticipación continua de catástrofes nos hace creer que no tenemos ningún control sobre el futuro. Es lo que llamamos síndrome de indefensión: la sensación de que los acontecimientos escapan a nuestro control y nosotros no podemos cambiar lo que va a suceder.

El segundo problema llega cuando esa hipernegatividad nos obliga a aumentar las probabilidades de aquello que queremos evitar. Es lo que llamamos profecía autocumplida: si me pongo a andar imaginando continuamente que me voy a tropezar, casi seguro que acabo haciéndolo.

La mezcla de estas dos cuestiones es tan perniciosa que esa «inflamación de anticipación negativa» está siempre presente cuando se trata de la ansiedad, la depresión y otros muchos temas de salud mental. Te vamos a poner un ejemplo: el temor asociado a la sensación de indefensión («No voy a poder con ello») y la profecía autocumplida es un fenómeno que experimentan todas las personas que sufren una fobia profunda. Cuando caemos en el pensamiento fóbico, mitificamos algo hasta el punto de creer que no podemos enfrentarnos a ello por un doble mecanismo. Al principio empezamos a temerlo porque lo asociamos a un momento de ansiedad e indefensión. Después evitamos enfrentarnos a nuestro miedo, con lo que se va agrandando poco a poco. De esta forma la inquietud inicial se transforma en un pánico limitante. Por eso es tan importante romper ese mecanismo de profecía autocumplida que producen los temores circulares. Evitar la continua anticipación que produce la ansiedad es la base de muchas psicoterapias. Las personas que creen que no van a poder soportar la intranquilidad que produce enfrentarnos a sus temores interpretan de manera catastrofista todas sus respuestas de ansiedad. Procesan lo que ocurre de forma errónea e interpretan las reacciones normales de pavor como un síntoma de algo muy grave. Ese miedo al miedo los lleva a caer en una espiral de «Evitación/Incremento de la ansiedad»: huir de aquello que les provoca temor hace que el miedo aumente.

Aquí radica la importancia de detectar estos pensamientos irracionales. Muchas escuelas de psicoterapia proponen, para eso, registrarlos: apuntar qué sensación estás sintiendo, qué idea negativa te surge y cuál sería la alternativa neutral nos hace ser conscientes de esos mecanismos arbitrarios. Sustituir esos pensamientos catastrofistas por un pensamiento positivo sería estupendo. Pero la realidad es que nuestra mente no funciona de esta manera, así que la única vía práctica y real que nos queda es cortarlos e identificar en la medida de lo posible si algo me ha llevado hasta ahí, porque a veces vienen derivados de un trauma, otras de revivir un momento que fue doloroso, que nos devuelve, como en una madeja de hilos emocionales, un momento duro del pasado y nos hace reproducir una sensación de miedo, de angustia y de anticipación de que algo negativo está a punto de pasar.

¿Qué sucede cuando te pones a escribir algo? Pues básicamente que empiezas una nueva acción que requiere de tu cerebro y de atención consciente, y este cambio mental te saca de tu pensamiento anterior, lo interrumpe, lo detiene en seco. Y esto ayuda mucho, no solo porque somos capaces de registrar cognitivamente lo que estamos sintiendo y podemos darle una trazabilidad a nuestro pensamiento, sino también porque, de forma práctica, paramos de hacer lo que estábamos haciendo hasta ese momento, que era pensar de manera descontrolada y ansiosa.

Nosotros siempre decimos que, obviamente, dejamos ideas, pero a veces la realidad es que nos cuesta mucho ponerlas en práctica. El hecho de escuchar que hay que dejar de pensar no lo facilita. Para eso contamos con la ayuda de buenos terapeutas que nos pueden orientar sobre cómo romper con ese hábito tan dañino. Porque el problema adicional que se genera es que cada vez que anticipamos en negativo estamos contribuyendo a crear un hábito muy perjudicial para nuestra salud: estamos entrenando ese hábito anticipatorio y lo hacemos más y más grande y poderoso cada día.

¿Cuál es la consecuencia directa? Pues que estamos viviendo un sufrimiento doble, porque lo sufres con anticipación, y, si ocurre lo que tanto temes, lo sufres después. Si consigues acabar con estos pensamientos tan perjudiciales, en el peor de los casos lo pasarás mal una vez y en el mejor de los casos, ninguna, que es de lo que realmente se trata, de no agregar sufrimientos gratuitos a nuestra vida. No está de más pedir ayuda, sobre todo si ya es mucho tiempo el que llevas entrenando este tipo de pensamientos anticipativos de forma continuada y has intentado parar de diferentes maneras, pero no lo has conseguido.

Cuando esta situación te está limitando muchísimo, es decir, cuando notas que la mitad de tu vida, por ejemplo, está condicionada por un tipo de pensamiento, es conveniente buscar ayuda terapéutica.

Vamos a dar algunos tips finales para promover esa parada de pensamiento que hemos comentado en este capítulo, pero te recomendamos que revises aquellos métodos que a ti en concreto te funcionen, que encuentres tus propias técnicas, porque seguramente las utilices en tu día a día, quizá con otros fines, pero ya las tienes superentrenadas y te pueden ser de mucha utilidad en este tipo de situaciones. Saca tu libreta de reflexiones y buenas prácticas mentales y toma buena nota de estas ideas que cada uno te proponemos.

El psicólogo

Te propongo tres ideas que quizá te puedan dar pistas para construir tu propia técnica de parada de pensamiento:

La primera es obligar a tu mente a volver al presente cada vez que se pierda en el futuro. La técnica puede ser sencilla: un «susto» que te saque de tu estado de ensimismamiento (un golpe sobre la mesa, un pellizco, decir «STOP» en voz alta...) y después haz algo que te obligue a dejar de pensar (llamar por teléfono, salir a la calle, etc.).

La segunda es anticipar las «Situaciones riesgo» para tener listo nuestro procedimiento. El ambiente nos afecta mucho más de lo que creemos: un grupo de amigos que consume, una situación que nos genera incertidumbre, un momento del día determinado... Hay circunstancias que nos hacen más vulnerables al peligro de la sobreanticipación. Es importante conocerlas y evitarlas. Para eso estaría bien identificar qué situaciones nos producen tensión, sin generalizar (sé que es difícil, a mí me cuesta mucho). No es lo mismo decir: «Siempre que hablo con alguien empiezo a anticipar que le voy a caer mal», que pensar: «En situaciones en las que me siento juzgado por la otra persona es más fácil que se me disparen los pensamientos irracionales». Lo segundo es mucho más asumible.

La tercera es focalizar nuestra mente todo lo posible. Cuanto más dispersos estamos, más caemos en el exceso de anticipación. En esos casos puede resultarnos útil intentar centrar nuestros esfuerzos en objetivos a corto y medio plazo. Dividir en partes lo que hacemos para evitar la disgregación y jerarquizar las tareas (decidir mentalmente qué es importante y qué es secundario antes de empezar, y actuar en consecuencia) puede ayudarnos a volver a restablecer el equilibro entre acción y reflexión del que hablábamos en el capítulo. Si hacemos más y pensamos menos, quizá dejemos de ser víctimas de la «futuritis» (inflamación de futuro).

La coach

Vamos a crear un capítulo que se va a llamar «Mis antipensamientos negativos» dentro de ese cuaderno que acabamos de comentar. En mayor o menor medida, a todos nos ha pasado alguna vez que nos viene ese pensamiento recurrente, negativo, injustificado y absurdamente creíble, y que además al final resulta ser casi vergonzoso. Y ahora vamos a ponerle freno. Porque ya no queremos que esté ahí, no queremos verlo publicado en nuestra mente, donde adquiere cada vez más protagonismo. Así que toma el cuaderno y empieza por describir, por ejemplo, el contexto en el que el pensamiento ha surgido, el momento concreto. Y toma nota también de las sensaciones físicas que estás experimentando, de su grado de intensidad en una escala del uno al diez y de si en alguna parte de tu cuerpo percibes una incomodidad clara. Es decir, anota lo que te pasa por la cabeza y sientes como consecuencia de ese pensamiento con la máxima precisión posible.

Ahora di en voz alta que eso NO va a suceder. Es decir, tu pensamiento está diciéndote, como decíamos antes, me voy a caer ahora, me levanto y me voy a caer. Pero ahora llega la contrarréplica, y esta consiste en decirte a ti mismo/a en voz alta que NO te vas a caer. Intenta siempre que salga de tu mente. Por eso es esencial que te digas en voz alta «no me voy a caer», «no voy a suspender ese examen», «no me va a salir mal esa entrevista de trabajo». Esto no deja de ser curioso porque la formulación de los objetivos nunca se hace en negativo, cosa que ya hemos comentado más de una vez en nuestro pódcast, pero en este caso se trata de un «antiobjetivo», no de un objetivo al uso. Tenemos que luchar contra ese antiobjetivo que da vida a nuestro pensamiento negativo.

Todo lo que te está diciendo ese pensamiento que parece tener vida propia, como si fuera un Pepito Grillo que se te pone en el hombro y te susurra cosas negativas para que te hundas un poco, tú lo vas a contrarrestar y vas a decir que eso no va a pasar, y te lo vas a REPETIR en voz alta, y vamos a ver qué sucede. Cuando pasen unos minutos de ese «diálogo exterior», vuelve a anotar lo que sientes, las sensaciones físicas que experimentas. Seguro que el grado de malestar ha bajado de forma significativa y, sobre todo, has roto ese círculo vicioso de pensamiento anticipatorio y lo has despojado del valor que le habías otorgado dándole una credibilidad que no se merece.

El estudiante

Cuando estudias técnicas de terapias cognitivo-conductuales (asignatura que curso mientras preparamos este libro), ves todo el peso que tienen las intervenciones basadas en la exposición. Son aquellas que buscan la mejor manera de ponernos delante del temido estímulo para habituarnos a él y extinguir, en la medida de lo posible, la respuesta de miedo que nos genera. De forma gradual nos vamos acercando a ese estímulo hasta conseguir que el temor no nos domine. El final feliz llega cuando dejamos de evitar y pasamos a afrontar (las personas no somos todas iguales, cada una tiene su propio ritmo y circunstancias). La anticipación en negativo nos puede llevar a apostar siempre por la evitación. Y cuando más evitamos, más reforzamos el estímulo que tanto miedo nos provoca. ¿Cuándo fue la última vez que dejaste de hacer algo por un miedo que luego resultó ser irreal? Lo malo (o bueno, según se mire) de esto es que, para comprobar si lo que nos atenaza es algo real o no, tendremos que dar un paso al frente, esto es, hacerlo... con miedo. Te pongo un ejemplo personal por si te vale. Hace unos meses me concedieron el galardón más importante de mi carrera como comunicador: el Premio Ondas del Pódcast. Cuando llegó el reconocimiento, por un lado me sentí muy feliz e increíblemente satisfecho y agradecido. Pero por otro, vinieron a mi cabeza todas las obligaciones que implicaba y que, para una persona tímida como yo, iban a ser difíciles de afrontar. O eso pensaba. Me veía en la gala recibiendo el premio, haciendo entrevistas, escuchando nuevas propuestas profesionales. Lo pasé un poquito mal anticipando todo lo que podía salir mal. ¿Y si hago un discurso lamentable? ¿Y si llega una propuesta profesional que no me haga sentir del todo cómodo pero que «no pueda rechazar»? ¿Y si dejo de tener el control de mi tiempo personal, que tanto me ha costado ganar? Al final, como imaginas, opté por enfrentarme con la mejor actitud posible a la situación, pero con bastantes dudas sobre lo que vendría y cómo me podría desenvolver. Tuve que respirar hondo. La gala fue bien y comprobé que compartía algunos de mis miedos con otros premiados —sí, no era el único—. Después tuve que dedicar un tiempo a dar charlas en universidades y entrevistas, y la verdad es que las disfruté tanto que he pasado de un par al año a tener la agenda repleta. También llegaron ofertas «irrechazables»... y, con las herramientas asertivas que he ido acumulando estos años (y que, como buen imperfecto, aún me toca seguir trabajando), pude rechazar con calma la mayoría para continuar teniendo lo que más me gusta y más me ha costado conseguir: tiempo para mi vida personal.

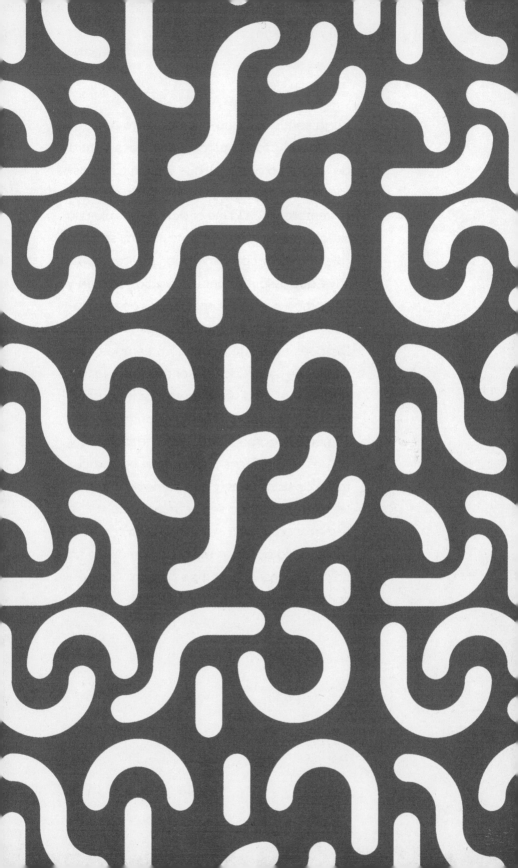

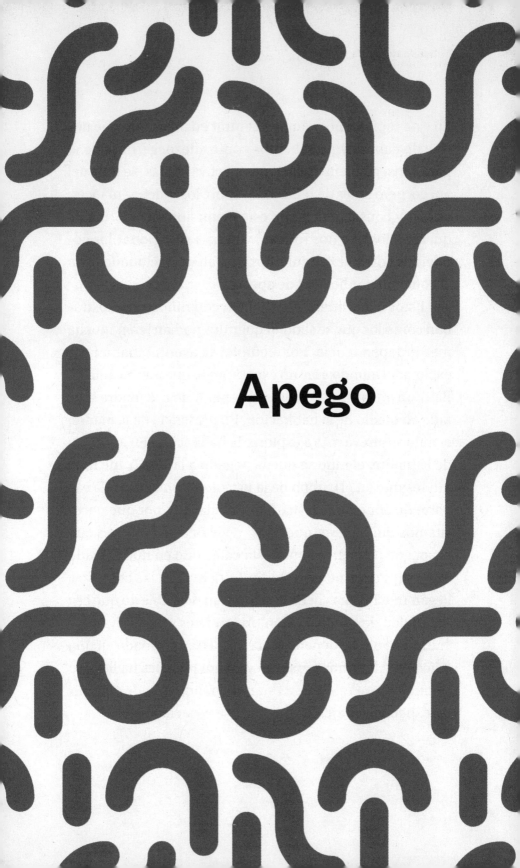

Apego

En este capítulo nos vamos a centrar en un asunto que nos trae de cabeza y no sabemos cómo «despegarnos» de él para conseguir tener relaciones afectivas sanas. Se trata del apego, pero antes de reflexionar sobre los muchos matices, causas y consecuencias de esta distorsión en la forma de querer a los que nos rodean, vamos a mencionar los conocidos como «experimentos de Bali», relacionados con el concepto tradicional de apego.

Estos experimentos se hacían con niños y demostraban cómo los que se sentían queridos podían tener mucha más independencia. Por ejemplo, se aventuraban más a explorar el mundo. Hay un experimento que me encanta de Bali con apego que consiste en tener o no a la madre sentada en medio de la habitación. En presencia de la madre, el niño se atreve más a explorar la habitación. En ausencia de la madre, el niño se queda pegado a la silla. Y fue muy interesante en el campo de la psicología analizar toda esa parte de por qué necesitamos vincularnos, por qué necesitamos querer y ser queridos. ¿Qué ocurre entonces con el apego? ¿Qué problemas está causando en nuestra vida afectiva? Pues que en los últimos tiempos a las consultas llegan muchísimas personas que han descubierto que esa necesidad de apego, que en principio es sana, se ha convertido en una codependencia, se ha transformado en una adicción a las otras personas y, sobre todo, las ha llevado a anularse a sí mismas, a estar tan pendientes de cumplir las expectativas ajenas que ya no se escuchan.

¿QUÉ ES EL APEGO?

Solemos llamar apego a la necesidad excesiva de ser protegido por otras personas. Ese sentimiento de incapacidad de valernos por nosotros mismos nos lleva a conductas recurrentes de sumisión y miedo a la separación. Cuando nos dejamos arrastrar por esa sensación, nos cuesta tomar decisiones y asumir la responsabilidad de las mismas. Esa incapacidad es tan continua e intensa que resulta patológica y puede resultar en que la persona dependiente se someta, tolere deslealtades e incluso el maltrato por parte de su pareja (o de un tercero), solo por el temor a perder el apoyo de esta persona. Podríamos decir que existe la necesidad imperiosa de mantener estas relaciones de dependencia disfuncionales, por lo que suele ser habitual que, cuando por alguna circunstancia la relación finaliza, la persona dependiente busca otra de forma urgente para reemplazarla.

El apego es una visión de las relaciones como una adicción afectiva, algo sobre lo que no tenemos control y que nos genera una dependencia patológica de otros, por lo que interpretamos que si «están con nosotros» es porque nos quieren. Por el camino perdemos el control, perdemos el autorrespeto y perdemos muchas

> más cosas, paradójicamente, esa búsqueda de la felicidad en muchos casos nos hace muy infelices.

La realidad es que el amor y los vínculos afectivos interpersonales son buenos, querer y que nos quieran es positivo, pero ser esclavos de los demás no lo es en absoluto. La clave de un «buen apego» no es vivir sin afecto, sino amar sin esclavizarnos. Y es importante que veamos esa perspectiva, porque el apego se puede tener y, de hecho, lo experimentamos en nuestro día a día. Aquí vamos a hablar de apego afectivo, pero se puede tener de muchas cosas. Hay gente que tiene apego a cosas materiales. Personas que no pueden vivir sin su coche, sin su casa, sin su estilo de vida o sin unas vacaciones. Pero no hablamos de eso, hablamos de un apego que ni siquiera es el apego paterno o maternofilial, que se considera más bien un *attachment* biológico justificado en la protección de la especie. Nos referimos al «mal apego», un apego afectivo a un tercero que, además, nos aboca al sufrimiento, porque por lo general el apego no lleva al niño al sufrimiento, pero cuando tú tienes esa codependencia que comentábamos y buscas desesperadamente el amor es como cuando en el juego quieres ganar como sea, y lo que suele ocurrir es que pierdes, y muchas veces los comportamientos adictivos empiezan así.

A mí me gusta mucho una frase que dice jugar por necesidad, perder por obligación. Parece que cuanto más lo buscas, menos lo encuentras, pero viene derivado de los propios conflictos internos. Esos que tenemos cuando generamos esa sensación y necesidad de afecto y esa adicción afectiva. En una relación de dependencia afectiva, el dependiente puede adoptar dos comportamientos totalmente opuestos según su propio estilo de personalidad y sus experiencias vitales. Puedes tener un comportamiento *pasivo* y asumir lo que yo suelo llamar coloquialmente el «formato alfombra». Es decir, como si te prepararas para que te pisen, sometan y humillen. Casi casi como si pusieras un cartelito que dijera: «Anímate, aquí estoy para aguantar todo lo que quieras hacer conmigo, que no me voy a quejar de nada mientras sigas a mi lado». Cedes ante todo, pierdes tu identidad con tal de que no te dejen, de que no te abandonen. La otra opción es un dependiente *activo*, que representa y se comporta de forma totalmente contraria, actúa con agresividad, manifiesta celos marcados, se autoflagela, se daña, lo que sea con tal de mantener la relación activa. Ninguno de los dos comportamientos es saludable. Es decir, el amor hacia otra persona, ya sea un amigo, un familiar o una pareja, tiene que ser saludable para ambas partes. No podemos demandar amor o afecto de esa forma. No vale decir «quiero que me quieran y me van a querer» porque el amor no funciona así, no funciona a demanda. Creo que el primer paso, como siempre solemos decir, es detectar si observamos este trastorno de dependencia en nuestra relación afectiva con alguien y, en mi opinión, lo mejor es un autodiagnóstico rápido: ¿tienes un impulso irrefrenable que te supera, una necesidad insalvable de ir hacia la persona objeto de tu apego? ¿Te suele venir el pensamiento de que esa persona «te tiene que querer»? ¿Sientes que la necesitas y que sin ella tu vida tendría poco sentido? Si es así, sigue leyendo este capítulo, que seguro que te va a ayudar.

En efecto, se trata de una necesidad que no puedes dominar y suele ir acompañada de dos aspectos esenciales que se pierden por completo: el autorrespeto y el autocontrol. Nuestro mecanismo hace que pienses, sientas y actúes en consecuencia. Pensamiento, emoción, acción, vinculados al hecho de que no puedes vivir sin esa persona. Conviertes a esa otra persona en un elemento tan necesario en tu vida como el aire, como el oxígeno que respiras. Y lo haces sin tener ningún control en la relación, solo sientes urgencias, ganas e insaciabilidad. No te sacias nunca de ese objeto del apego. Buscas y buscas y buscas. Y da igual lo que el otro te diga, da igual lo que te haga, pues tú sigues buscando. Y, sobre todo, se produce algo especialmente llamativo en todo este proceso de dependencia, y es la pérdida de la autoestima. No importa hasta dónde tengas que llegar con tal de mantener el objeto de tu apego cerca.

Hay, quizá, dos épocas clave en las que fijamos nuestra tendencia al apego. La primera es la infancia y la relación con nuestros padres. Ahí elegimos, por primera vez, cuestiones como la cantidad de precauciones que tomamos en nuestro trato con los demás, el miedo al abandono, el grado de dependencia que nos permitimos a cambio de la pérdida de libertad. Y lo hacemos en una situación de extrema vulnerabilidad... Por lo tanto, la reacción de nuestras figuras de referencia (sobre todo nuestros padres) es decisiva. Un ejemplo... ¿Qué hacen los adultos ante la expresión de sentimientos infantiles? ¿Cómo actúan, por ejemplo, cuando un niño llora? ¿Aceptan su manifestación de impotencia o le piden que deje de llorar para que los demás no los vean como débiles? Una teoría clásica en este sentido es la del psicólogo estadounidense Erik Erikson, que afirmaba que los niños con afectividad segura, es decir, con una relación de cariño estable en la infancia, enfocan la vida con un sentimiento de confianza básica, que les permite ver que el mundo es predecible y cordial. Nuestra tendencia a afrontar las relaciones de una determinada manera se debe, en parte, al estilo educativo de nuestros padres. Los bebés cuidados por personas sensibles y cariñosas desarrollan una actitud permanente de independencia y sienten menos miedo al abandono porque han vivido una relación en la que han podido confiar en la lealtad de otras personas. El otro momento vital que crea tendencias es el primer amor. Se suele dar en la juventud, una época en la que las hormonas actúan con más fuerza. En esas circunstancias, con la sorpresa de que alguien nos quiera por primera vez, es más fácil pensar que sin esa persona ya no podríamos vivir. Es decir, es más fácil desarrollar apego.

Creo que analizar lo que vivimos en estos dos trances vitales, enmarcándolo en unos determinados factores (la indefensión del primero, el determinismo hormonal del segundo) nos puede servir para ver lo irracional de esas tendencias codependientes. En psicología es esencial distinguir entre persona y situación: si sabemos que en estas dos ocasiones las circunstancias eran casi deterministas y no nos dejaban elección, ahora podemos retomar el control de nuestra vida porque nos encontramos en una situación en la que sí podemos llevar las riendas. Una situación de apego e inseguridad en las relaciones con unos padres incapaces de amar o con una primera pareja tóxica es prácticamente inevitable. Pero ahora soy capaz de empezar a hacer un buen *casting* emocional y entrar lo menos posible en ese tipo de situaciones. O salir de ellas en cuanto me den las fuerzas una vez que he entrado.

Dejar atrás este tipo de relaciones de apego significa empezar a adquirir madurez afectiva. Y eso no es algo que dependa únicamente de la edad. Viene dado por otras causas, porque nuestras experiencias vitales nos generan recursos para afrontar los retos que cada vez tienen mayor envergadura. Hay tres rasgos que suelen ir asociados a la inmadurez afectiva y pueden darse por separado o darse juntos:

- Umbral bajo de sufrimiento
- Baja tolerancia a la frustración
- Sensación de perpetuidad

En relación con el primero, cuando somos afectivamente inmaduros, nuestro principal mensaje mental es «no quiero sufrir, no quiero sufrir, no quiero sufrir». Esto es característico de las personas que suelen manifestar el apego afectivo insano. «Me da igual lo que me haga, pero yo no quiero sufrir porque si no estoy con esa persona, me muero». Un poco lo que decíamos de las canciones antes.

El segundo caso, la baja tolerancia a la frustración, es más de ego. Es decir: «¿Quién se ha creído que es esta persona para no quererme o para dejarme?». Y en cuanto al tercer rasgo, nuestro pensamiento suele repetir: «Esto es un sentimiento permanente, ¿verdad? Nosotros nos vamos a querer toda la vida».

A medida que nuestra madurez afectiva va creciendo, nos damos cuenta de que ninguna de estas tres cosas es necesaria para mantener una relación. Y eso es lo que hace que reaccionemos de una forma diferente, más saludable.

De hecho, es más probable que nos quieran si ofrecemos un amor que no incluye el apego. Si nos convertimos en la alfombra de alguien, en un individuo invisible, porque aceptamos todas las demandas del otro, al final lo más probable es que nos dejen de querer, que no nos vean como relevantes para compartir el amor a nuestro lado. El amor con apego acaba por no ser distinguible. Si la otra persona es codependiente, no la vemos, porque está tan pendiente de nuestras expectativas que se convierte en lo que nosotros queramos que sea... y la arruinamos. Perdemos los rasgos distintivos del otro que nos atrajeron en su día. En resumen, si nos convertimos en esclavos de la otra persona, conseguiremos justo lo contrario de lo que perseguimos. Así no vamos a conservarla. Porque las relaciones afectivas sanas no funcionan de este modo.

CASTING EMOCIONAL

George Bernard Shaw afirmaba que «cuando dos personas están bajo la influencia de la más violenta, la más insana, la más ilusoria y la más fugaz de las pasiones, se les pide que juren que seguirán continuamente en esa condición excitada, anormal y agotadora hasta que la muerte los separe». Quizá esta frase irónica sea la visión que tenemos del amor cuando nos dejamos llevar por el apego. Parece que es una fuerza de la naturaleza que se nos impone de manera determinista, y nosotros lo único que podemos hacer es seguir intentando conservarlo aunque ni siquiera nos haga felices. Dejamos que la bioquímica (seleccionada durante la evolución humana para aumentar la probabilidad de supervivencia de los retoños) decida por nosotros quién será la persona más cercana e influyente en nuestra vida durante los siguientes años. Y así nos va.

Hay otra estrategia posible: hacer un «*casting* emocional» previo, antes de que llegue la revolución bioquímica. Si conocemos a las personas antes haciéndoles las preguntas adecuadas, podemos elegir de verdad. Y eso evitaría caer en relaciones de apego insanas.

Para eso tenemos que aprender (antes de caer en las redes del amor) a hacer «preguntas tabú». Se trata de cuestiones que las hormonas nos impiden plantear una vez que nos hemos enamorado, pero que si conseguimos formular previamente nos ayudarían a conocer bien a nuestra pareja y averiguar, entre otras cosas, si es una persona tendente a una relación de apego o... si es de las que hacen que nosotros caigamos en un vínculo parecido.

Por ejemplo, si hacemos un *casting* previo a la revolución hormonal, podemos preguntar cómo fue la ruptura de la anterior relación de nuestra potencial pareja. Esa pregunta (imposible de realizar cuando ya estamos enamorados y no queremos ni oír hablar de anteriores vínculos afectivos) nos ayuda a conocer el «lado oscuro» de nuestro posible compañero sentimental. Todos tenemos debilidades que salen a la luz en las rupturas de pareja, ponerlas sobre la mesa ayuda a clarificar la siguiente relación. Si lo que nos cuentan sobre la separación anterior nos hace sospechar esa tendencia al apego, ahí sabemos que hay algo que quizá la otra persona no haya trabajado.

Adelantarse a la tormenta bioquímica también nos permite indagar sobre otras cuestiones sentimentales: duelos afectivos no terminados («¿hay alguien a quien no puedes olvidar?»), relaciones codependientes con familia, etcétera. Todos estos problemas marcan de forma decisiva las futuras relaciones y, sin embargo, en la mayoría de las relaciones se suelen revelar cuando es demasiado tarde.

Por último, preguntar antes de que la oxitocina nos haga confiar ciegamente en la otra persona nos posibilita averiguar algunas características psicológicas trascendentales a la hora de mantener una relación. En el *casting* previo al amor averiguamos si el «candidato» tiene tolerancia a la frustración («¿Qué haces cuando no consigues lo que quieres?»), si es capaz de afrontar los conflictos o si sabe negociar, características esenciales para disfrutar en pareja. Y, desde luego, lo ideal es que demos un giro más en esta táctica. Sabemos que resulta muy difícil, pero... ¿Qué tal hacernos esas preguntas a nosotros mismos antes de entrar en una relación?

Quizá te estés preguntando a estas alturas si el apego afectivo desmedido no tendrá algo que ver con que deseemos mucho a una persona, pero lo cierto es que el apego es distinto del deseo. Es decir, el apego afectivo adictivo del que estamos hablando es muy distinto de desear. Desear algo con todas nuestras fuerzas no es malo, es absolutamente legítimo. Lo malo es que pensemos que eso es imprescindible para nuestra vida, que lo convirtamos en una necesidad. Y también es importante decir que el desapego no es indiferencia. El hecho de que no sientas apego afectivo por alguien no significa que pases de esa persona, ni muchísimo menos. Significa que tu relación es sana, que hay un intercambio, que hay un equilibrio, que hay un balance, y eso es sano y mucho más duradero en el tiempo que el «me quiere, me quiere, me quiere, me quiere, me quiere»... Pero si la realidad es que a la otra persona ya la estoy agobiando, la estoy machacando y, efectivamente, da igual que te conviertas en una alfombra, dejas de tener atractivo, o da igual que te conviertas en un celoso o una celosa empedernida, que busques a toda costa esa necesidad de proximidad. Al final acabas por perder lo que más querías, pierdes la capacidad de atraer. Y se produce una paradoja, que la otra persona deja de quererte por una cosa o por otra.

Llegados a este punto resulta necesario mencionar un dato que podemos aprender cada día: no hay que vivir nunca desde el miedo, sino desde el amor. No podemos vivir desde el miedo a perder, por ejemplo, como sería este caso del apego patológico. Seguramente ya estamos listos para irnos a esas recomendaciones finales para ayudarte a establecer poco a poco una relación más saludable. Si te has visto identificado con algunos de los comportamientos que hemos descrito aquí y quizá sospeches que a lo mejor tienes una relación en la que el apego es protagonista, toma lápiz y papel, que vamos con ellas.

El psicólogo

¿Sabes qué intento hacer yo para salir de mi tendencia al apego? (Sí, yo también soy del Club de los Imperfectos). Cultivo todos los sentimientos no tópicos que me van surgiendo. Busco el lenguaje del amor menos trillado. Trato de usar palabras distintas a las que se repiten una y otra vez en películas, canciones y libros. En lugar de castigar con insistencia a la persona que amo con aquello de «No puedo estar sin ti ni un minuto», «Te echo de menos todo el rato» o «Ayer lo único que hice fue pensar en ti», trato de reinventar el lenguaje del amor. Puede ser: «Qué bueno vivir lo de ayer sin ti porque así tengo algo que contarte y no te vas a aburrir de mí» o «Me gusta descubrir algo nuevo de ti, así no te reduzco a cuatro cosas: quiero que me sorprendas». Incluso puede bastar con no hablar del amor con inercia... ¿Qué tal no responder siempre «Y yo» cuando la persona amada nos dice «Te quiero»? Inventar frases nuevas es difícil (la mayoría de las personas no somos muy creativas), pero considero que es esencial para salir del apego a una rutina, del seguir porque sí, por miedo al abandono.

La coach

Yo recomendaría entrenar dos aspectos que no son nada sencillos pero sí primordiales para nuestra salud mental. El primero es el autorrespeto, desde la perspectiva de quererte más a ti mismo o a ti misma. No busques tanto que te quieran los demás, quiérete tú y manifiéstatelo, regálate ese amor a ti. Y querernos supone también cuidarnos, premiarnos, mimarnos un poco. Y lo más importante, que esto no te genere ninguna culpa, porque es saludable y un inicio hacia el cuidado y el respeto de nuestra propia dignidad.

El segundo atributo que propongo entrenar es el autocontrol en nuestros comportamientos en las relaciones interpersonales. Comparto un ejemplo que se observa mucho en estas relaciones con apego patológico, cuando te vuelves loco mirando a ver si el otro te contesta el wasap, cuando está en línea, pero no me contesta. Estoy segura de que nos podemos identificar en esta situación en algún momento del presente o del pasado. Y aquí es donde entra en juego la necesidad de aumentar el control de nuestras acciones, decir no a ponerte de los nervios porque ves que no te contesta. Espera, date márgenes. Si puedes aguantar media hora, media hora ya es un reto. Si al día siguiente puedes aguantar una hora, estupendo, y acabarás incrementándolo casi por inercia, porque la psique se adapta y las emociones también. Es poco a poco, pero incrementa el nivel de control en las demandas que estás haciendo y verás resultados muy positivos no solo en ti, sino en esas personas que tanto te importan.

El estudiante

¿Cantidad o calidad? ¿Qué prefieres? Lo cierto es que muchas veces nos dejamos llevar por la cantidad. Y tanto en el amor como en la vida en general parece que no es la mejor estrategia. Sí. Tal vez en la tienda del barrio esté bien que podamos comprar diez artículos superrebajados en vez de los tres que nos darían por el mismo dinero en un comercio de la zona «pija» de la ciudad. Nos pone contentos. Jo, es que esas ofertas son «demasiado». ¿Quién no las quiere? Y aquí es cuando dices: ¿y esto qué tiene que ver con el capítulo? Pues porque, tal vez, también lo hacemos (o lo hemos hecho) en el amor. Quizá pensemos que necesitamos mucho. Mucho amor. El mayor posible. El que sea más grande. Uno en el que demostremos de una forma peliculera a nuestra pareja que es el amor de nuestra vida. Y, ya puestos, lo suyo sería esperar lo mismo de la otra parte, ¿no? Y ese amar «demasiado», de verdad, no puede ser tan bueno como el amar «bien». En psicología, en muchas ocasiones se habla de la teoría de la «u» invertida. Esta sirve para aclarar, por ejemplo, la relación entre activación y rendimiento (bueno, la he visto tomada como base para muchas más explicaciones, como para entender la diferente forma en que «funciona» el cerebro de una persona según puntúe más en introversión o extroversión). La «u» invertida nos explica cómo va mejorando el rendimiento a medida que aumenta el nivel de activación, pero solo hasta un punto óptimo. Si intentamos ir más allá, el rendimiento cae. Hay un punto en el que rendimos bien, de forma óptima. Y ¿sabes? Creo que hay un punto donde nos amamos bien. Pero somos humanos e imperfectos y a veces pensamos que estaremos mejor con más. Y al final compramos más cosas de peor calidad que se rompen rápido y queremos pasar más y más horas (cantidad de horas) pegados a nuestra pareja con la que acabamos vacíos por dentro (porque contamos las horas, pero no la calidad de las mismas). Así que entre cantidad y calidad, tal vez puedas optar por la primera para comprar calcetines, pero en el amor yo optaría por la segunda.

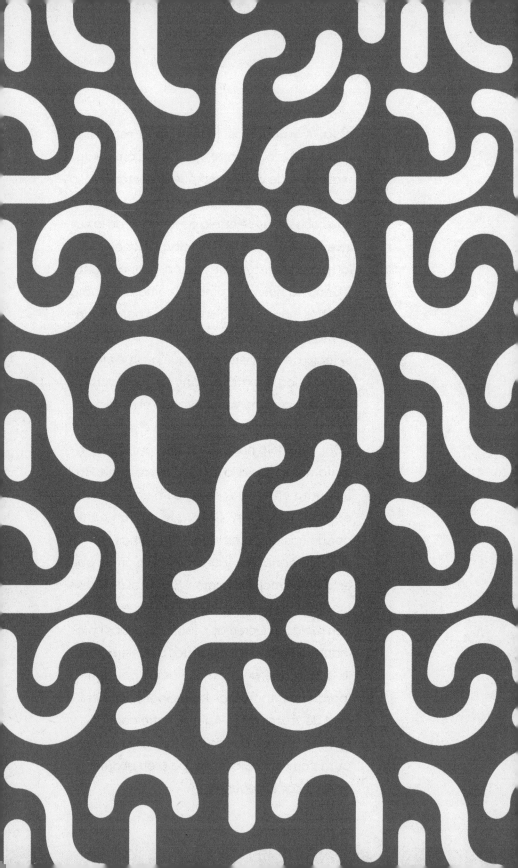

Gestión de la incertidumbre

Al leer el título de este capítulo quizá hayas tenido la sensación de que vamos a trabajar un tema abstracto, casi metafísico. Para mostrarte que no, que en *Entiende tu mente* nos gusta aterrizar en asuntos que tienen un efecto muy importante en nuestra vida cotidiana, te vamos a proponer una especie de test. Trata de responder a este decálogo en función de tus sensaciones viscerales:

1. ¿Crees que «necesitas» saber qué va a ocurrir en los próximos meses?
2. ¿Te cuesta asumir los disgustos, las frustraciones y las decepciones causadas por otras personas o por las circunstancias vitales?
3. ¿Te gusta tener normas fijas de comportamiento para todas las ocasiones?
4. ¿Te sientes más seguro en tu papel profesional porque te permite relacionarte de una forma estructurada, sabiendo siempre lo que tienes que decir?
5. ¿Te disgustan las circunstancias nuevas, confusas o imprevisibles de la vida cotidiana?
6. ¿Tienes planificadas las próximas semanas de tu vida?
7. ¿Aumenta tu ansiedad cuando no puedes controlar las situaciones?
8. ¿Te asustan las situaciones en las que es difícil planificar cómo van a salir las cosas?
9. ¿Te cuesta soltar las riendas y dejarte llevar?
10. ¿Tiendes a ver la vida en blanco y negro, sin grises, distinguiendo claramente entre lo bueno y lo malo?

Si tiendes a contestar «No» en casi todas las preguntas, eres una persona que se maneja muy bien en la incertidumbre. Si tu propensión es al «Sí», seguro que este capítulo te resultará muy útil. Entre todos vamos a intentar encontrar ideas para ayudarte a tolerar mejor las situaciones en las que no puedes llevar completamente las riendas.

TOLERANCIA A LA INCERTIDUMBRE

La falta de tolerancia a la incertidumbre es la dificultad para sobrellevar situaciones en las que no podemos controlar absolutamente todos los factores involucrados. En nuestra vida cotidiana, el azar, la oportunidad (la combinación de nuestras capacidades con circunstancias externas que las favorezcan o no), la genética (que, por ejemplo, es una variable decisiva en nuestra salud) y muchas otras cuestiones aumentan o disminuyen nuestras probabilidades de éxito. Esa imposibilidad de conseguir la omnipotencia nos afecta a todos en mayor o menor medida. En parte, el grado tiene que ver con nuestra personalidad. Así, hay personas que podríamos denominar mentalmente precavidas, que creen necesitar muchos datos para tomar una decisión, tienden al control en su día a día y se sienten más a gusto en un mundo ordenado. En el otro extremo de la escala estarían los individuos mentalmente atrevidos, personas que pueden arriesgarse a equivocarse, que asumen más riesgos y a quienes no les importa estar expuestas a la crítica y al desafío. Las segundas tienen, por lo general, más tolerancia a la incertidumbre que las primeras.

Pero también hay épocas de nuestra vida en que nos volvemos más cautelosos y queremos intentar agarrar más fuerte las riendas. Ocurre, por ejemplo, después de un golpe vital muy duro o un fracaso inesperado y grave. En esos momentos, todos nos volvemos más controladores.

En su libro *Fueras de serie*, el divulgador Malcom Gladwell recopila datos y estadísticas sobre artistas de rock, empresarios o deportistas de élite y llega a una conclusión: sus éxitos dependieron en gran parte de una acumulación estable de ventajas. El factor oportunidad es mucho más importante de lo que nos gusta pensar. La repercusión de los Beatles, Steve Jobs o Michael Jordan dependió mucho de las circunstancias en las que vivieron. El lugar y la época en que nacemos (¿cuántos triunfadores actuales lo son gracias a cualidades completamente inútiles hace cincuenta años?), las condiciones materiales de la sociedad en la que nos criamos (¿por qué es más fácil tener éxito siendo estadounidense?), venir de una familia con prestigio en una determinada área (la endogamia sigue funcionando en todas las profesiones) son, por ejemplo, factores muy importantes. Aunque nos gusta creer que nuestros éxitos obedecen a nuestra personalidad, nuestros hábitos o nuestro esfuerzo, en gran parte se han debido a un factor oportunidad que tendemos a olvidar.

El problema de esta estrategia mental del mundo actual es que aplicamos la misma idea de omnipotencia hacia el futuro. Creemos que apoyándonos en nuestra forma de ser podemos asegurar nuevos éxitos en el futuro. Y eso nos conduce a sobrellevar peor la inseguridad real acerca de qué va a ocurrir. Un ejemplo: existe un sesgo habitual por el que nos inclinamos a pensar que, si empleamos mucho esfuerzo en algo, finalmente lo conseguiremos. Pero en realidad, existen muchos estudios que muestran que quizá la fuerza de voluntad esté sobrevalorada como factor de éxito. Por ejemplo, los investigadores canadienses Marina Milyavskaya y Michael Inzlicht publicaron hace poco un estudio que concluía que las personas que lograban objetivos en varias áreas vitales no se habían esforzado en exceso. El factor más importante era que se les daba bien hacer algo que había resultado adaptativo en ese momento. Si no aceptamos esta incidencia del factor oportunidad, nos costará mucho tolerar la incertidumbre que nos produce.

Esa tendencia del mundo actual al control interno (es decir, a la sensación de que en la vida todo depende de uno mismo) optimiza muchos aspectos de la vida humana. Tener la impresión de que llevamos las riendas de nuestra vida es positivo para resolver muchos de nuestros problemas. Hay mucha investigación que demuestra que pensar así es muy adaptativo para los seres humanos. Un ejemplo: hay experimentos que prueban que las personas deprimidas creen tener escaso control sobre su mundo. Y esa percepción acaba funcionando como una profecía autocumplida: las que tienden a pensar que hay muy poco que hacer acaban no haciendo nada. Si un individuo entiende que un destino fatal le acecha y no hace nada por evitarlo, ese *fatum* termina por caer sobre él. La esperanza resulta necesaria, aunque a veces no sea realista. Soñar con un determinado objetivo nos acerca a él, a pesar de que no lleguemos a conseguirlo. Por ejemplo: cambiarnos a nosotros mismos para obtener el amor de una persona nos mejora, aunque la persona no acabe junto a nosotros.

Pero esta estrategia, como cualquier otra, presenta sus fallos. Hay momentos en que creer que tenemos un poder absoluto y nada depende del azar solo nos lleva a la excesiva culpabilización y a una sensación de frustración que nos resta fuerzas para enfrentarnos a otros asuntos vitales. Insistir tanto en el control interno puede hacer que ciertas personas se sientan culpables por cosas que, en realidad, no pueden cambiar. En el ejemplo anterior, trabajarnos a nosotros mismos para que alguien nos ame puede ser una forma de crecimiento personal. No obstante, sin la tolerancia a la incertidumbre necesaria para aceptar que ese amor no está en nuestras manos, corremos el riesgo de hundirnos si no lo conseguimos y convertir esa energía de crecimiento en amargura.

GESTIÓN DE LA INCERTIDUMBRE Y EL MUNDO LABORAL ACTUAL

Como no podría ser de otra manera, el mundo laboral guarda mucha coherencia con el planteamiento que acabamos de comentar. Generalmente queremos controlar las cosas porque al pensar que lo hacemos creemos que controlamos su resultado y no tenemos que estar buscando imperativamente soluciones para preguntas cuyas respuestas desconocemos. Casi podríamos decir que es una «estrategia de ahorro energético» porque manejarnos en un mundo incierto requiere de un alto nivel de desgaste. Lo que agota de la incertidumbre es, precisamente, que no sabemos la respuesta y cognitivamente queremos cerrar esa brecha, pero no es fácil hacerlo porque no tenemos la respuesta. Y el resultado es que le damos vueltas y más vueltas, como si estuviéramos en el día de la marmota, pero seguimos sin hallar la respuesta. Y claro, como no la encuentro, no cierro el proceso a nivel cognitivo, y nos vemos inmersos en una sensación de agotamiento que, por cierto, no afecta a todas las personas por igual.

Hay personas con un umbral de tolerancia a la incertidumbre más alto que otras. Y esto se hace muy patente en ciertos ámbitos laborales, por ejemplo, en el campo del emprendimiento. En este sector se requieren fuertes dosis de buena tolerancia a la incertidumbre. Es obvio que se necesitan ideas, propuestas innovadoras y creativas, financiación y oportunidad, como decíamos antes, pero también grandes dosis de aspectos más intangibles, como coraje y tolerancia a la incertidumbre, porque si hay algo que impregna el día a día del emprendedor es, de hecho, no saber qué va a pasar, no saber si tu producto o servicio será útil, si el mercado lo acogerá bien, si los competidores irán o no por delante de ti o si el equipo que consideras clave seguirá involucrado y comprometido con el proyecto. Cuando creas algo nuevo no sabes si va a funcionar, si alguien pagará por ello, si habrá un inversor que quiere apostar por tu idea. Sin embargo, sientes que debes tener algo, que quieres tener algo. Y en realidad hay anclajes que te llevan a seguir luchando por esa idea o por ese sueño. En el emprendimiento y, en particular, en la tecnología se habla mucho de la «salsa secreta» y qué es lo que hace que tu propuesta de valor funcione.

Cuando no controlas algo, tienes varias opciones. Una, te resignas; dos, luchas, o tres, aceptas que no tienes el control y que hay una componente que no vas a poder manejar a tu antojo por mucho que lo intentes. El éxito, la consecución satisfactoria de las cosas, no está del todo en nuestras manos. Los que somos «esforzados» creemos que si nos empleamos mucho, conseguiremos lo que nos propongamos. Y esto es una gran mentira que nos hacen creer las corrientes de optimismo naíf. Si no le pones interés a un negocio, estás acabado, pero el opuesto no es cierto. Si le pones mucho y te dejas la piel, no está claro que tengas éxito, precisamente porque ese concepto de éxito emprendedor depende de muchas cosas que no están en ti. Los resultados no son siempre proporcionales al esfuerzo. Es clave aceptar desde el principio de nuestra aventura emprendedora que hay aspectos sobre los que no tienes el control y, en tanto en cuanto no lo tienes, lo mejor es darnos flexibilidad, quitar presiones innecesarias y jugar un poco, porque la vida es un juego, un juego increíble del que podemos disfrutar más y sufrir menos si nos apoyamos en el aprendizaje continuo (la competencia clave de los emprendedores) y acotamos con rigor los riesgos que podemos y queremos asumir en nuestra particular aventura.

Una de las demostraciones más palpables de que los cambios en el mundo actual eran impredecibles es el fracaso de la literatura de ciencia ficción a la hora de anticiparlos. Las obras de este tipo habían sido capaces de prever muchos de los avances tecnológicos de la primera mitad del siglo xx. Es famosa en ese sentido la obra de Julio Verne, que narró con precisión antes de que ocurrieran hechos como la conquista de la Luna. Sin embargo, los autores más famosos de ciencia ficción fallaron a la hora de anticipar los progresos de las últimas décadas. Hay que hilar muy fino para encontrar novelas o relatos que hablen de internet, de modelos de familia homoparentales o de crisis económicas globales antes de que estos fenómenos se hayan dado en el mundo real.

En definitiva, el mundo es cada vez más impredecible. Y por eso la falta de tolerancia a la incertidumbre se ha convertido en un patrón social muy poco adaptativo. Nosotros, en *Entiende tu mente*, somos conscientes de esa necesidad de trabajarla y continuamente intentamos quitarnos rigidez y excesiva necesidad de control. Pero como buenos miembros del Club de los Imperfectos hemos de reconocer que no siempre lo conseguimos.

Ante la dificultad de gestionar esa inquietud que produce un mundo impredecible, nos gusta consolarnos pensando que, al menos, eso nos asegura la estimulación. ¿Has pensado lo aburrido que resultaría una vida con todo bajo control? El mundo actual nos ofrece una gran libertad: podemos elegir continuamente entre muchas opciones. En otras épocas, en culturas más colectivistas en que todo estaba reglado, el futuro estaba predeterminado: sabíamos qué profesión íbamos a ejercer, qué estudiaríamos, a qué edad nos casaríamos, cuál sería nuestro tipo de pareja, cuándo tendríamos hijos. Hoy en día, ninguno de esos hitos vitales es obligatorio ni tenemos que pasar por ellos ni hay una fecha para «cumplir». A cambio, sufrimos continuas crisis vitales. Son pasos atrás necesarios para luego dar un salto hacia adelante. Y en esos momentos es cuando más necesitamos esa tolerancia a la incertidumbre. Es muy difícil hacer variaciones en nuestra vida (dejar atrás a una pareja, cambiar el rumbo de nuestra carrera profesional, mudarnos lejos de nuestra tierra) sin aceptar que, durante un tiempo, vamos a dejar de controlar férreamente nuestra vida. Si en esos momentos no trabajamos nuestra apertura al cambio, procrastinaremos la decisión esperando a que todos los factores estén bajo control, algo que nunca ocurrirá. Aprender a sobrellevar la incertidumbre provisional es parte de nuestra vida del siglo XXI porque soltar provisionalmente las riendas es, paradójicamente, lo único que nos permite ser dueños de nuestro futuro.

TOLERANCIA A LA INCERTIDUMBRE Y EL NEUROTICISMO

Una variable de personalidad que dificulta la aceptación de los vaivenes incontrolables de la vida es el neuroticismo. Este rasgo se correlaciona con la dificultad para tolerar los disgustos, las frustraciones y las decepciones causadas por la voluntad de otras personas o por circunstancias vitales que no podemos controlar. Los que puntúan alto en este factor llevan muy mal que la vida no sea como a ellos les gustaría que fuera. En jocosa definición de Woody Allen, «un psicótico es alguien que cree que dos y dos son cinco, un neurótico es una persona que sabe que son cuatro... y no le gusta».

Desde los trabajos pioneros de Hans Eysenck se sabe que esta variable tiene un componente biológico muy importante. Los neuróticos tienen umbrales bajos de excitación del sistema nervioso simpático: este se activa ante cualquier mínimo inconveniente vital. Y eso les lleva al aumento del ritmo cardiaco y de la presión sanguínea, mayor tensión muscular, sudoración, y a la necesidad de poner orden y eliminar el estímulo que les ha descentrado. Recurrir a normas tajantes y doctrinas incuestionables para intentar controlar lo que está ocurriendo alrededor es, en esos momentos, una tentación muy grande para ellos. Luis, el más neurótico de nosotros, dice siempre que esa es su propensión: pretende tener el futuro completamente estructurado en su Google Calendar. Por supuesto, no lo consigue, y se frustra.

El problema de esta estrategia de evitación de las contrariedades cotidianas es que acaba por dar malos resultados. Si este rasgo de personalidad se hace extremo, la persona se angustia con facilidad cuando no puede evitar las situaciones nuevas, confusas o imprevisibles de las que la vida cotidiana está repleta. Lleva mal, por ejemplo, las relaciones desestructuradas, en las que no tiene un papel claro. Por eso es fácil que se vean muy seguros en su rol profesional, pero inhibidos en reuniones sociales, conversaciones íntimas o relaciones esporádicas. Cuando el neurótico extrema su carácter, solo siente seguridad cuando se le permite pontificar, y eso es algo que difícilmente ocurre en todas las ocasiones.

Otro de los riesgos de esta forma de acometer las relaciones personas es la excesiva represión a la que obliga su falta de tolerancia a la tensión. Para intentar controlar el futuro, la persona neurótica debe aparentar ser fiel a su propia norma. Y eso la conduce a una presión insoportable. Un fenómeno cultural reciente, que no debemos banalizar, nos recuerda ese riesgo: la moda de autolesionarse, produciéndose cortes en brazos, piernas y abdomen, se relaciona con individuos que se exigen un nivel brutal de autocontrol y que solo de esta manera liberan endorfinas. Angelina Jolie, Drew Barrymore o la Princesa Diana de Gales son ejemplos de personas que han caído en esa práctica por querer llevar una vida demasiado perfeccionista. Uno puede acabar cortándose —en el sentido físico— por haberse «cortado» —en el sentido psicológico— demasiado para someterse a sus propias normas. Si esto te ocurre, no lo dudes, es un buen momento para pedir ayuda.

Te proponemos una situación cotidiana que seguramente se te habrá presentado: planificar un viaje de vacaciones. Es el típico momento en que las personas con poca tolerancia a la incertidumbre creen necesitar que todo salga perfecto y se frustran. Intentar controlar el tiempo que va a hacer, cuánto nos va a gustar cada experiencia o la cantidad de mosquitos con los que vamos a luchar es una locura. Está claro que, si llegamos a ese extremo, es que estamos sobrellevando mal la incertidumbre, ¿verdad? Por eso te invitamos a tener decidido de antemano qué grado de desasosiego vamos a tolerar en cada ocasión. En este ejemplo,

¿qué tal intentar planificar una parte de nuestro viaje, pero dejar en manos de los dioses los factores no controlables? ¿No sería más juicioso disfrutar de las vacaciones, aunque no podamos predecirlas completamente?

Nosotros ya tenemos cierta edad. La suficiente para saber que, a partir de los treinta, la vida se complica y empieza a ser imposible controlarlo todo. Con doce años era fácil: uno podía «saberse todo» para un examen y pocos factores podían llevar a un suspenso si uno había estudiado lo suficiente. ¿Podemos hacer algo así con cincuenta años, por ejemplo, con nuestra vida laboral? ¿Trabajando duro podemos asegurar nuestro futuro, aunque aparezca otra pandemia, cambie drásticamente la economía o se hunda nuestra área de empleo? Nuestra respuesta es que no. Y que intentar tener todo amarrado supone una inversión de energía que acaba por desgastarnos.

El ser humano está preparado para ver siempre los posibles acontecimientos futuros negativos. Nuestro cerebro se activa cuando encuentra algún problema en el futuro, no cuando imagina paraísos de paz. Si anticipamos, nunca vamos a pensar que todo va a salir bien y ya está. Eso no ocurre jamás. Por eso, si me empeño en intentar atar el futuro, voy a gastar un montón de energía en preocuparme. Y, casi siempre, esa preocupación es inútil, porque se trata de acontecimientos que no puedo prever. En las situaciones de incertidumbre, nuestro pensamiento es del tipo: «¿Y si a mis padres les pasa algo?», «¿Y si mi pareja deja de quererme?», «¿Y si en la consulta del médico me dicen que tengo una enfermedad grave?». Estos «Y si», como ves, producen una gran cantidad de preocupación improductiva.

Te proponemos un experimento para que compruebes la cantidad de energía que desperdiciamos por querer controlar el futuro incierto. Haz una lista con tus preocupaciones actuales, qué acontecimientos concretos temes. Guárdalos en un cajón y saca la lista dentro de seis meses. Verás que el 90 por ciento de lo que ahora te preocupa (es la cifra estimada que solemos dar en salud mental) no ha ocurrido. Estás dedicando un montón de tiempo a anticipar problemas que no tendrás. Aceptar esta dificultad para llevar las riendas del futuro es lo que llamamos tolerancia a la incertidumbre.

El psicólogo

En nuestro pódcast repetimos a menudo una frase: cuando estamos bien, tenemos la fuerza necesaria para cambiar lo que podemos transformar, la serenidad suficiente para sobrellevar lo que no podemos evitar y la inteligencia indispensable para distinguir unas situaciones de las otras. Es un lema repetido numerosas veces en salud mental. A nosotros nos parece un buen protocolo de actuación. Cuando lo intentamos poner en práctica, solemos chocar con problemas en cada una de las tres frases. La imperfección humana nos lleva, por ejemplo, a intentar cambiar aquello sobre lo que, en realidad, no tenemos ningún poder. Y eso implica muchísimas cuestiones del futuro que, por falta de tolerancia a la incertidumbre, queremos tratar de controlar aunque sea imposible.

Por eso es importante la tercera parte de la frase: emplear la inteligencia para distinguir unas situaciones de otras. Para usar bien la razón, es fundamental ser conscientes de qué factores del porvenir vamos a intentar tener atados y cuáles debemos dejar a la improvisación porque no tenemos ningún control sobre ellos. Y lo mejor es entrenarse previamente en esta dicotomía, porque es muy difícil adquirir tolerancia a la incertidumbre justo cuando la necesitas en un momento crítico. Intentar controlar todo a lo largo de nuestra vida hasta que un día, por ejemplo, debemos tomar una decisión trascendente sobre nuestra pareja nos colapsaría.

Yo te aconsejo empezar por pequeños hábitos, por pequeñas cuestiones, aquellas en las que puedes arriesgarte. Intenta jugar a ese juego en el que no siempre ganas porque no controlas todas las variables, meterte en deportes en los que no eres el más diestro y esperar a que el azar te favorezca y no pierdas siempre o hacer un curso de una materia que no se te da bien saliendo adelante porque te echen una mano. Es decir: ir aflojando tu tendencia a meterte siempre en situaciones que puedes controlar, entrenándote para momentos críticos en los que tu destino no esté en tus manos.

La coach

La primera reflexión que sugeriría hacer es pensar en cuánta energía gastamos cada día tratando de convertir lo incierto en cierto. La mayor parte de las veces va a ser materialmente imposible, no solo conseguirlo, sino planificarnos para ello. Lo incierto guarda, además, elevadas dosis de imprevisibilidad, así que por mucho que nosotros nos empeñemos en anticiparnos y planificar nuestra vida, comportamientos o recursos para lo que está por venir, la mayor parte del tiempo estaremos haciendo un trabajo bastante estéril y malgastando enormes cantidades de energía en ello.

La otra cuestión es cambiar los pensamientos anticipatorios negativos, dejar de pensar que lo que no podemos prever ni controlar va a ser necesariamente malo para nosotros, porque nos llevan a mantener un estado de alerta permanente que suele desencadenar comportamientos ansiosos. Pensemos, como hemos comentado, que más de un 90 por ciento de lo que anticipamos como negativo nunca sucederá. Pero es que, además, a medida que acumulas experiencias vitales, vas comprobando que incluso ese 10 por ciento de eventos negativos que preveías y que finalmente sí ocurrieron, a la larga puede traer en algunas ocasiones cosas positivas a nuestra vida.

Creo que debemos acostumbrarnos también a ser más flexibles y adoptar esa flexibilidad a la hora de planificar nuestro *roadmap*, nuestro mapa de vida, nuestra hoja de ruta en temas de amor, de trabajo y en el resto de los aspectos relevantes de nuestra existencia. No hay un solo camino para conseguir los objetivos. Tienes muchos y dispones de la capacidad de cambiar uno por otro. Si la vida te obliga, plantéate por qué te ha obligado a cambiar de ruta, porque seguro que te está dando nuevas oportunidades, quizá te esté cerrando una puerta, pero seguro que también te está abriendo una ventana con unas nuevas vistas que contemplar.

Si unimos las ideas anteriores y entrenamos un poco nuestra capacidad de adaptación ante los eventos que nos suceden, probablemente obtengamos como resultado una visión menos oscura del futuro y una vida menos atenazada por el miedo y la tensión continua en el presente, que, al final, es lo único que de verdad tenemos como cierto.

El estudiante

En los últimos años, a raíz de los logros cosechados por *Entiende tu mente*, he asistido a muchos encuentros de *podcasters*. La gran mayoría de aquellos que quieren adentrarse en este mundo me acaban preguntando siempre lo mismo: ¿cómo se hace para crear un pódcast de éxito? Ya iba tocando que saliera esta famosa palabrita, «éxito», para que este libro tuviera algo en común con los *best sellers* de autoayuda que nos acompañan en las estanterías de las librerías. Entiendo que lo pregunten. Entiendo su preocupación, porque parece normal que valoremos la inversión que tendremos que hacer para conseguir un objetivo. Es lo lógico, ¿no? Por ejemplo: si vas a apuntarte a clases extra de Estadística para aprobar Psicometría, querrás tener la convicción de que estudiando dos horas más a la semana aprobarás la asignatura; en mi caso, si voy a apuntarme a clases de natación dos veces por semana quiero pensar que, cuando llegue el verano, podré participar con mis amigos en una competición de triatlón. Llevado a los pódcast podría ser: voy a lanzar un pódcast y a producir un capítulo semanal durante un año, y quiero saber cuánto tiempo me llevará alcanzar un número de oyentes suficiente como para «vivir de esto». Bueno, pues cuando llega la famosa preguntita de qué hay que hacer para tener un pódcast de éxito, toca resoplar con cariño, levantar los hombros, poner las manos con las palmas hacia arriba y decir: «no lo sé». La respuesta larga sería que está claro que hay áreas donde tienes más control que en otras sobre el resultado final, pero desde luego en la de los pódcast es muy complicado. Cuando hacemos un buen plan para conseguir un objetivo, suelen incrementarse las probabilidades de éxito, pero estas nunca serán del cien por cien. Si te apuntas a clases de refuerzo, es más probable que apruebes la asignatura, y si vas a clases de natación, aumentan tus posibilidades de estar en forma para participar en una prueba deportiva. En el mundo de la comunicación y el emprendimiento, el éxito es más bien exógeno, depende de los gustos de los demás y no del tuyo. Pero en general nunca tenemos el control absoluto de nada, así que no nos queda otra que aprender a vivir con la incertidumbre. Si te vale, lo que les digo a los estudiantes de comunicación y a los asistentes a esos encuentros para *podcasters* es siempre lo mismo: el éxito no está garantizado (y ojo, que cada uno entiende el éxito como quiere), pero si llega lo más probable es que sea, simplemente, una consecuencia de lo que haces.

Voy a ser un poco polémico con este final, pero para mí el verdadero éxito, como en el amor, simplemente acontece, no se busca. Así que haz lo que dependa de ti con la mejor intención posible y veamos adónde te lleva. Cumple tu parte del trato, el que has hecho contigo mismo, mantén el objetivo mientras te siga atrayendo y trata de pensar menos en el resultado, ya que, pese a que nos encantaría tenerlo todo bajo control, lo cierto es que es imposible. Ya sabes, somos humanos y del Club de los Imperfectos. Si haces lo que te gusta y desvinculas en la medida de lo posible el disfrute del resultado, tu conducta será autotélica, estarás fluyendo y disfrutando del camino, dará igual dónde te lleve este. Si te sirve, creo que esa actitud fue una de las variables que jugaron a nuestro favor para que este proyecto llegara a ser lo que es a día de hoy y a que ahora tengas este libro entre tus manos, que espero que estés disfrutando tanto como nosotros lo hemos hecho al escribirlo.

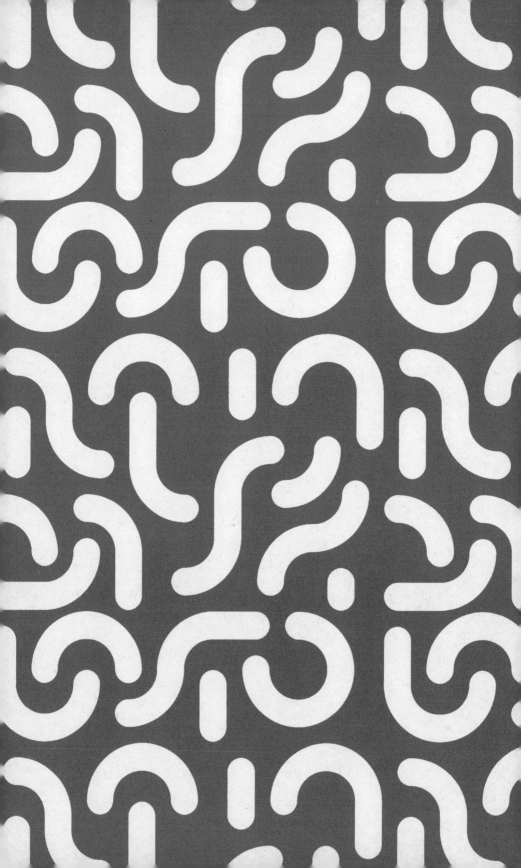

Relaciones
tóxicas
de pareja

¿Has pensado alguna vez cuánto nos influye la música? ¿En qué medida da forma a nuestras emociones? ¿Aprendemos, por ejemplo, a amar escuchando las letras y melodías de nuestras canciones preferidas? Muchas investigaciones llegan a esa conclusión, y no es extraño, teniendo en cuenta que la juventud, la época de nuestra vida en la que más nos conmueve la música es, también, la de nuestros primeros amores...

Cuando advertimos esa influencia, empieza a preocuparnos la normalidad con la que se glorifican las relaciones insanas en multitud de canciones. «Sin ti no puedo vivir» continúa siendo el verso más repetido en el rock, como si el amor fuera mejor por ser codependiente. Aceptamos que en *Every breath you take*, una de las baladas más conocidas de la historia, Sting repita inquietantemente que estará siempre vigilando a su ex cual acosador. Durante mucho tiempo entonamos aquel brutal estribillo («No me arrepiento/ volvería a hacerlo/ son los celos») de un tema de Alaska y Dinarama que hablaba de una mujer que atropella de forma deliberada al amante que la ha traicionado. Nos parece divertido que Paquita la del Barrio, mitificada en ambientes modernos, afirme en una de sus canciones: «Tú no sabes el mal que tu boca me hizo (...)/ fue el comienzo de larga condena/ que un día tendrá fin/ pusiste en la boca tan dulce veneno/ que en la vida llevo/ como maldición/ Hoy a ti de rodillas llorando me acerco/ a que me des otro beso/ y acábame de matar»... Y así en miles y miles de letras que normalizan los vínculos venenosos en el rock, el reguetón, el folk, el hiphop y otros muchos tipos de música.

Lo mismo sucede en la literatura, en las conversaciones con los amigos, en las series de televisión y en los cotilleos acerca de nuestra familia. Hemos normalizado el hecho de que la mayoría de los problemas vitales de las personas que tenemos a nuestro alrededor están causados por relaciones que les perturban. Oímos continuamente hablar de personas obsesionadas con su historia de amor que descuidan los demás aspectos de su vida, como la amistad, el trabajo, la familia o la salud. Da la impresión de que hay un pasado evolutivo que los seres humanos tenemos aún que trabajar para que las relaciones tóxicas sean menos habituales. Y el primer paso es identificarlas. Por eso hemos pensado hacer este capítulo, a ver si entre todos podemos poner sobre la mesa ideas que nos ayuden.

Im

RELACIONES TÓXICAS DE PAREJA

Como te decíamos, los vínculos envenenados son difíciles de etiquetar y definir. Una relación se convierte en tóxica por el grado en que ocurren ciertos comportamientos, no porque esos actos sean insanos. Hay una escala en nuestras conductas amorosas. En uno de los polos del continuo, el sano, estarían las iniciativas habituales de cortejo: llamar la atención del otro, contar solo lo mejor de nosotros mismos, cuidar a la persona que amamos, intentar hacer cosas juntos... En el otro extremo estaría lo insano: pretender que el otro solo exista para nosotros, mentir de forma patológica, controlar la vida de nuestra pareja, limitar la independencia de la otra persona...

Como cualquier continuo, la forma de decidir si estamos a un lado o al otro es la cantidad y la calidad. Y somos nosotros los que debemos decidir cuáles son nuestras banderas rojas en función de nuestros criterios personales. Por ejemplo: ¿cuántos wasaps suponen un exceso de control por parte de la otra persona? ¿Qué tipo de preguntas traspasan el límite del cuidado para pasar a considerarse control? Lo importante es que esas banderas rojas existan porque una relación es tóxica si el continuo traspaso de nuestras banderas rojas nos genera sufrimiento. Y ese dolor psíquico se plasma de diversas maneras: el vínculo nos quita energía vital, deja de aportarnos y resultarnos nutritivo y nos obsesiona hasta el punto de que solo pensamos en la otra persona.

Una cuestión que dificulta detectar las relaciones tóxicas es el hecho de que los vínculos son dinámicos y evolucionan con el tiempo. Pocos vínculos degradantes lo han sido siempre, por eso tenemos que estar pendientes de su evolución. Muchos empiezan, por ejemplo, con un *love bombing* (bombardeo de amor) en el que la otra persona se convierte en el amante perfecto, atenta en todo momento a todos los detalles, pendiente de manifestar continuamente su idolatría y de colgar fotos juntos en redes sociales. Y a partir de ahí las cosas se van poniendo cada vez más turbias.

Tanto si comienzan con ese ímpetu como si lo hacen de forma más tranquila, lo que sí suele haber en común son determinadas fases en la degradación de la pareja. En la primera de ellas intentamos proteger la relación de las críticas externas e internas. Pensamos que los saltos de banderas rojas no se repetirán. Y si vuelven a ocurrir, reaccionamos con una mezcla de confusión, aturdimiento y miedo. Cuando hablamos del vínculo con los demás, lo hacemos con una mezcla de incertidumbre e indecisión: todo nos hace dudar. Muchas veces damos la impresión de que ese desasosiego afecta más a otros ámbitos (como el laboral o el familiar) porque no queremos reconocer que el problema que nos inquieta es nuestra pareja.

Si en ese momento no resolvemos abandonar la relación, entramos en una fase de ansiedad constante en la que vivimos a la espera de la siguiente discusión o maltrato psicológico. Para evitarlo, dedicamos muchos esfuerzos mentales a hacer desaparecer las situaciones de tensión. Al no conseguirlo, empezamos a desarrollar síntomas como la culpabilidad y la vergüenza.

Esa falta de confianza produce un derrumbamiento de la autoestima, otra de las consecuencias psicológicas de las relaciones tóxicas. La tirantez continua produce un estado constante de dependencia de la evaluación del otro (acabamos por creernos eso de «si me porto bien, volveremos a estar bien»), pero fracasamos en ese objetivo de conseguir el bienestar, porque lo que se juega do es una cuestión de poder. La relación se encuentra en un punto en el que lo que se pretende es ganar al otro, no construir algo común juntos. Eso produce un hundimiento de la autoestima. La persona que debería estar a nuestro lado y animarnos a sentirnos orgullosos de nosotros mismos, sin necesidad de obtener la aceptación ajena, se convierte en nuestro juez.

Estos factores (la sensación de indefensión y la pérdida de la autoestima) son, frecuentemente, la antesala del síndrome ansioso-depresivo en el que una relación tóxica nos puede hundir. La tristeza patológica, la ira injustificada hacia las personas que nos quieren apoyar, la pérdida de motivación y de capacidad de disfrute son algunos de los síntomas a los que podemos llegar si no abandonamos a tiempo una relación tóxica.

Para evitar esta degradación gradual es importante tener claras nuestras «banderas rojas». Conectar con nuestras sensaciones y ver si se deben a lo que está ocurriendo en nuestro vínculo afectivo es esencial para no dejar que los sentimientos se vayan pudriendo progresivamente sin que nosotros hagamos nada por remediarlo.

ALGUNAS IDEAS PARA DISTINGUIR UN VÍNCULO SANO DE UNA RELACIÓN TÓXICA

¿Cómo distinguir estos dos tipos de relaciones? Aquí te dejamos unas cuantas ideas:

• Miedo a la soledad
Cuando las cosas están bien en una pareja, sabemos que podemos estar solos y ser felices, pero preferimos estar con

esa persona. En los vínculos insanos, sabemos que la relación está resultándonos tóxica, pero el miedo a la soledad nos impide abandonarla.

● **Discusiones continuas**

En las parejas sanas respetamos que el otro sea diferente y las discusiones solo surgen cuando es necesario hacer algo en común y las dos posturas son irreconciliables. En las insanas, por el contrario, cualquier mínimo desacuerdo genera una tensión exacerbada: aunque una de las partes intente hablar con calma y explicar su postura, la reacción de la otra parte la intimida. Al final, eso produce una sensación de amenaza latente. Y poco a poco se imponen los «temas tabú», esos asuntos importantes que no se pueden tocar, y se impone la ley del silencio.

● **Autoestima**

Si queremos a alguien y estimamos que podemos escoger entre esa persona y otras alternativas de vida, nuestro amor nos enorgullece. Presumimos de él, no lo ocultamos. Creemos que la otra persona extrae lo mejor de nosotros mismos, y por eso no vemos si hay poca distancia entre lo que nos dicta el cerebro y lo que nos dice el corazón. Cuando intuimos que amamos con libertad, nuestras emociones y nuestra mente caminan juntas hacia la otra persona. Y entonces tenemos clara la salud de nuestra relación. Sin embargo, cuando nos sentimos adictos a alguien, nos avergonzamos de esa dependencia. Intentamos escapar de la ligazón que nos une a la otra persona y tratamos de ocultar la relación a todo el mundo, también a nosotros. Sabemos que nuestra necesidad del otro revela nuestro lado más oscuro. Y eso disminuye continuamente nuestro amor por nosotros mismos.

• Culpa

En los vínculos sanos, apenas existe la culpa: nos responsabilizamos de la relación e intentamos hacer las cosas bien, pero sabemos que, como miembros del Club de los Imperfectos, vamos a fallar, cosa que podemos permitirnos mientras pidamos perdón y asumamos las consecuencias. En las relaciones perversas, sin embargo, día a día, las dos personas intentan convencer a la otra de que es responsable de todo lo malo que sucede. Al final, lo habitual es que una de las partes asuma que sus defectos provocan la ira del otro. Una de las técnicas de comunicación habituales para conseguir culpabilizar es el doble vínculo: haga lo que haga la otra persona, recibirá un castigo. Por ejemplo, si le da un beso, se quejará de que es demasiado empalagosa, y si no lo hace, de que es demasiado fría. Otro ejemplo: uno de los miembros de la pareja puede decir una y otra vez que no está enfadado, mientras su comunicación no verbal no hace más que mostrar su ira. Un último ejemplo de esta comunicación paradójica es expresar delante de muchas personas algo amable (un supuesto cumplido) que el otro individuo entiende claramente como una amenaza: «¿Ves cómo te mira todo el mundo cuando te pones ese tipo de ropa?». De nuevo, si la persona damnificada cuenta a los demás lo que ha sentido, la tratarán como una paranoica que inventa fantasmas donde solo hay cariño.

● **Foco de atención vital**

En los buenos momentos, la pareja, una vez pasada la fase en la que no dejan de mirarse el uno al otro, se encamina hacia otra etapa en la que se dedican a mirar juntos hacia la vida. En los malos momentos, sin embargo, los problemas de la pareja son, siempre, el centro de atención. Todo acaba girando alrededor del otro individuo. Cuando viene enfadado, todo se paraliza para no aumentar su ira. Cuando viene contento, su pareja respira aliviada. Sus estados de ánimo determinan el día a día de la relación. Pero también es el foco en las relaciones externas: la vida social de la pareja bascula en torno a esos extremos.

● **Aislamiento emocional**

Las buenas parejas amplían nuestro círculo social. Las personas que entran en una relación tóxica, por el contrario, acaban progresivamente quedándose solas, si es que no lo estaban antes ya. Hay razones internas (los miembros de la pareja saben que se les preguntará por la relación y quieren evitarlo) y externas (los demás los dejan de lado porque se han vuelto personas egocéntricas que solo piensan en su vínculo perverso). El boicot se va dando poco a poco: los miembros de la familia, los amigos, los compañeros de trabajo, etcétera.

● **Ambiente de miedo latente**

Las relaciones sanas ayudan a luchar contra nuestros miedos. El sentimiento preponderante en las insanas, sin embargo, es el temor a la otra persona. La relación que en un principio se basó en el amor acaba virando hacia el miedo.

En una relación tóxica sentimos que la negociación es inviable y creemos que la única estrategia posible es la discusión entendida como una guerra de egos. Nuestra mente se dedica a intentar «adivinar» qué quiere la otra persona porque tememos la tensión que surgirá si se ve defraudada.

Todo lo anterior nos puede servir para quitarnos el velo de la subjetividad, que es el que habitualmente mantiene este tipo de vínculos. El amor es un sentimiento muy potente, destinado a perpetuarse pase lo que pase. Y eso explica que continuemos en relaciones de este tipo, a pesar de experimentar sentimientos como la angustia, la ansiedad, la sensación de relajación cuando no estamos con esa persona (como puede ser un viaje sin el otro, por ejemplo). En esos casos, objetivar los sentimientos y trazar líneas rojas que no vamos a dejar que el otro traspase pueden ser buenas tácticas.

Pero ¿qué hacer cuando tenemos a alguien cercano y creemos que su relación está resultando tóxica? ¿Cómo ayudarle a detectarlo? Creemos que aquí entra en juego la diferencia sutil pero clara entre comprender a nuestros seres queridos y justificarlos. En muchas ocasiones, las personas metidas en una relación tóxica nos cuentan lo que ocurre porque buscan nuestra aprobación incondicional: si caemos en esa trampa retórica, acabaremos por ser los valedores de su relación dañina. Si conseguimos mantenernos cerca, si las escuchamos sin necesidad de mostrar nuestro acuerdo, podemos estar allí para el momento en que ya estén abiertas al cambio y se muestren dispuestas a dar un ultimátum a la otra persona: o la relación cambia radicalmente o se termina. Porque una vez detectada una relación tóxica, estos son los dos finales posibles. Para llegar a ese punto de no retorno, el involucrado tendrá que trabajarse a sí mismo en varios aspectos.

El primero es abandonar la esperanza infinita de que la otra persona cambie. Si la relación no cambia de forma drástica la semana que viene, no hay ninguna razón para pensar que se arregle milagrosamente el próximo año. Poner límites temporales al optimismo irracional es una de las tareas que debemos afrontar para luchar contra una relación tóxica.

Otro de los aspectos importantes para dejar estos vínculos perversos es acostumbrarnos a la tensión interpersonal. El miedo al conflicto es muy limitante. Si creemos que no vamos a poder asumir la ansiedad que nos crea decepcionar las expectativas egoístas de nuestra pareja, discutir o decir que no, es muy difícil que nos decidamos a abandonar este tipo de nexos codependientes. Por eso puede ser útil trabajar antes esa excesiva sensibilidad al desasosiego. Podemos hacerlo acostumbrándonos a la sensación que nos produce decidir en pequeñas cuestiones o manifestar opiniones diferentes con personas a las que nos cueste decepcionar. También ayuda no caer en chantajes emocionales, que es la técnica de manipulación más habitual en relaciones tóxicas. Se trata de acostumbrarnos a esa tensión y decir «bueno, no pasa nada, es breve, solo una mala tarde, nada más. A cambio de ese mal rato, voy a ser libre para ser yo mismo».

Para salir de las relaciones insanas tenemos que aprender a concebir la ruptura como un proceso natural y liberador. Para sentirnos libres en una pareja debemos ser capaces de planteárnosla como un vínculo que puede terminar cuando no resulta nutritivo. El sufrimiento por la ruptura no es tan dramático como para paralizarnos más allá de un par de meses. No tiene sentido desperdiciar años de nuestra vida (que, conviene recordar, es la única que tenemos) obsesionándonos con alguien por no querer aprender a cortar nuestras relaciones cuando estas se han acabado.

PERFIL DE PERSONAS TÓXICAS

Como ya hemos enumerado al principio de este capítulo, existen ciertos aspectos que nos permiten distinguir si una relación es tóxica o sana. De igual forma, ciertos comportamientos nos ayudan a clasificar las conductas que suelen derivar en relaciones tóxicas. No pretendemos hacer una descripción detallada de estos perfiles ni tampoco recoger todos los que hay, ya que este capítulo se extendería mucho, pero sí queremos resumirte algunos perfiles muy frecuentes que te permitirán identificar si estás cerca de alguna persona así y protegerte.

• La persona prepotente

Son todas esas personas que demandan un trato especial, esas que aplican distinta regla de medir para ellas que para los demás, y que para sentir que son «de primera» suelen «regalar» comportamientos que minimizan el valor de las personas más cercanas, como es el caso de sus parejas.

- **La persona celosa**

La posesión «en exclusiva» de sus parejas suele ser el rasgo más significativo y por el cual estas personas se sienten superiores a otros. Agregan otros ingredientes a la relación tóxica como el control o la envidia ante los éxitos de su pareja. Cualquier cosa que no haya pasado su filtro, puede ser motivo de disputa.

- **La persona perfeccionista**

Las distinguirás por un alto nivel de autoexigencia que no solo se aplican a sí mismas, sino que extienden sin piedad a sus parejas, con lo que se generan unos requerimientos en cuanto a apariencia, logros o reconocimiento que suelen ser difíciles de sobrellevar por aquellos que no tienen este rasgo como dominante.

- **La persona narcisista**

Son personas que se sienten merecedoras del éxito en términos absolutos y que siempre están dispuestas a hacer todo lo posible para asegurarlo, incluso si es a costa de un tercero, como puede ser su pareja. Suelen ver a los demás como potenciales amenazas y llevan mal que sus parejas sean competentes, llegando incluso a desarrollar comportamientos que bajen la autoestima de estas para reforzar su ego.

- **La persona víctima**

Son personas que no aceptan el problema y culpan a los demás. Ante cualquier coyuntura sentirás cerca las quejas, buscando siempre excusas para no asumir sus cuotas de responsabilidad personal, más bien todo lo contrario: te harán sentir que el mundo conspira siempre en su contra y que es tu «obligación» otorgarles toda su atención y apoyo para aminorar esto.

El psicólogo

Lo más difícil para los seres humanos es el cambio. Salir, por ejemplo, de una relación tóxica resulta muy complicado porque sabemos que antes pasaremos por una fase de desasosiego y ansiedad para poder dejar a la otra persona. ¿Y qué hay después? Es complicado anticipar cómo nos vamos a sentir cuando dejamos un vínculo de este tipo por primera vez.

Si este es tu caso, me gustaría decirte algo que he vivido durante estos treinta años que llevo haciendo psicoterapia: lo que se siente es una sensación de liberación extraordinaria. Pocas emociones son tan potentes como la de salir de una relación viciada. De hecho, la mayoría de las personas experimentan en ese momento posterior a la ruptura una etapa de crecimiento personal. He tenido pacientes que han empezado a tocar instrumentos y han acabado por convertirse en músicos, que han escrito el primer libro de su vida o que se han atrevido a cambiar de trabajo. Es más, a los pacientes hiperempáticos, a los que les cuesta dejar atrás a la otra persona por pena, me gusta recordarles que esa liberación del nexo tóxico va a ser muy buena también para el otro miembro de la pareja. Sé que cuesta creerlo, porque muchas veces el otro individuo parece que se aferra a la relación, pero la experiencia terapéutica me ha enseñado que salir de ahí supondrá un crecimiento para las dos partes. Ver tantos finales de vínculos emocionalmente vampíricos me ha llevado a pensar que no sé si existe la libertad, pero sí existe la liberación. Y no hay mejor sensación que la de haberte liberado de una relación tóxica.

La coach

Mi recomendación en caso de que hayas identificado que tienes una relación tóxica es que no intentes cambiar a tu pareja. Acepta que es así y valora si realmente te compensa esa pérdida de energía, de autonomía, de autoestima y de otras muchas cosas que hemos ido mencionando por seguir adelante con esa persona. Mantenerse en una relación tóxica necesita de tu decisión. Algunas son más difíciles de finalizar que otras, y en muchos casos no tanto por la otra persona, sino por nosotros mismos, por la pena, el compromiso, la empatía o nuestros propios valores. Y aunque todos estos aspectos sean parte esencial de nosotros, no debemos olvidar que lo más importante de la vida es tener la capacidad de disfrutarla, no verla pasar como si fuéramos simples espectadores de nuestra existencia. La segunda idea que te propongo es aprender a identificar a las «personas vitamina», esas personas completamente opuestas a aquellas con las que se desarrollan relaciones tóxicas. Son individuos que aportan, que nutren, que nos regalan paz y nos ilusionan después de cada conversación. Personas que ponen en valor nuestras fortalezas y que nos ayudan a superar los obstáculos. Cuando las encuentras, son verdaderos tesoros emocionales, que debemos esforzarnos por no perderlos, porque, además, se convierten en el antídoto de las relaciones tóxicas y nos ayudan a salir de ellas cuando nos faltan las fuerzas.

El estudiante

Cada persona es un mundo y cada relación también. Hay quien se empareja. Si hablamos de España (Estudio 3325, CIS, 2021), en la actualidad cerca de un 70 por ciento de la población está emparejada. Y hay quien no. Según el mismo estudio, una de cada diez personas adultas no ha tenido nunca una relación más o menos estable. Y lo que queda bastante claro es que los vínculos de las nuevas generaciones ya no están estandarizados. Cada unión establece un «pacto privado». Cada equipo apuesta por un tipo de nexo que no tiene que responder a ningún canon. Lo único que tal vez podamos medir de manera objetiva es si el equipo formado es más o menos sano. Puedes compartir tu vida con personas excelentes con las que tienes vivencias de todo tipo: momentos increíbles, aprendizajes, afrontamiento de miedos, aventuras... Pero hay vínculos que simplemente no funcionan, otros se acaban porque los mimbres del equipo evolucionan de forma desacompasada y algunos se vuelven tóxicos. Desde dentro, a veces es difícil darse cuenta de que la relación se ha hecho insostenible. Aplicamos sesgos, como el del costo hundido (poner el foco en todo lo invertido en la relación en el pasado y tratar de seguir como sea, para no sentir que «hemos estado perdiendo el tiempo»). No queremos dejar ese espacio donde fuimos felices, aunque ahora no lo seamos. A veces hay que lidiar con sentimientos de ansiedad, tristeza o incluso de culpa; y se nos hace difícil afrontar la gestión emocional que conlleva poner un punto y final. La única idea que quiero dejarte aquí es esta: pide ayuda si no puedes con ello. Si te atoras, si sufres en tu relación y no ves salida, si quieres a esa persona, pero el día a día con ella te hace pasarlo realmente mal, pide ayuda (y si puedes permitírtelo, ve a terapia). Mira las cosas desde afuera, cambia la perspectiva, afronta el cierre con las mejores «psicoherramientas» posibles. Si finalmente se acaba, dolerá. Eso seguro, pero pasará. Qué buen momento este, para releer el capítulo sobre resiliencia.

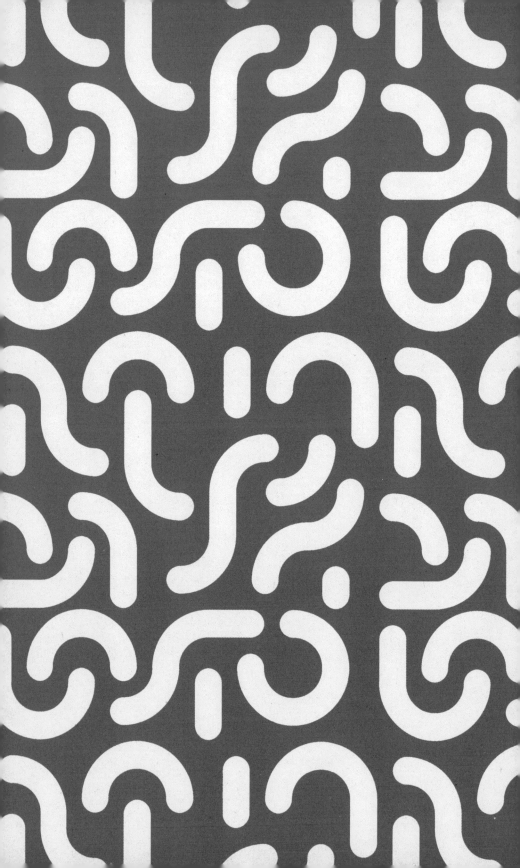

Llevarse bien con la imperfección

Tú eres mejor líder que la mayoría de tus compañeros de trabajo, una persona en la que se puede confiar más que en la gente normal e incluso, por qué no decirlo, conduces mejor que la gran mayoría de las personas que están al volante de los vehículos que te acompañan en el atasco de cada mañana. Ah, y si tienes pareja, tu relación es, sin duda, mejor que la de la mayoría de las parejas de tu alrededor. Si piensas así, no estás por encima de la media, sino que estás en la media.

El psicólogo Ray Hyman fue profesor de la Universidad de Oregón, pero antes de ejercer la docencia y la investigación, tuvo un oficio más esotérico y, según él, más lucrativo: la quiromancia. Durante años se ganó la vida haciendo adivinaciones a partir de la lectura de las líneas de la mano. Después, cuando ya se dedicaba a la psicología académica, dirigió muchos estudios para tratar de desentrañar el éxito económico de médiums, astrólogos y demás profesionales del esoterismo. Sus análisis, divulgados en los libros y artículos que escribe acerca del tema, se centran en las técnicas que hacen especiales a determinados adivinadores. Para Hyman, el éxito de público tiene que ver, en primer lugar, con la habilidad para emitir frases obvias aplicables a cualquier persona: «Siento que va a tener algunos problemas y que no va a saber qué hacer ante ellos. Parece que hay otras personas involucradas en ese tema. Veo que, además, ese asunto le remueve rencores acumulados del pasado. Lo que tiene que hacer es librarse de ese resentimiento y ese sentimiento de frustración»). Además, los que se dedican a las artes adivinatorias tienen una gran capacidad de observación (los mejores videntes «leen» muy bien los rasgos físicos, la ropa y las reacciones de sus clientes para saber quiénes son) y talento para extraer información sin que la persona se dé cuenta. Pero sus investigaciones le llevaron a la conclusión de que todas estas técnicas solo son útiles cuando el clarividente respeta una regla: hacer creer a la persona que está por encima de la media y que es muy especial en muchas cuestiones.

Ningún augur de éxito nos espetaría afirmaciones de este tipo: «Usted cree ser mucho más guapa de lo que es, y eso le puede ocasionar problemas con sus amigas», «Debería ser más prudente en sus negocios: el hecho de que haya tenido suerte una vez no tendría que hacerle creer que posee un olfato especial a la hora de invertir» o «Tiene una relación insana con todos sus hijos y, si no deja de humillarlos continuamente, se irán apartando de usted cada vez más». A pesar de que las estrategias de conocimiento del otro que usan podrían llevar a estas conclusiones con un grado de seguridad muy grande, los videntes con más público no las emiten jamás. Arriesgan afirmaciones para que nos sintamos retratados, pero sin quitarnos la máscara de falseamiento de nosotros mismos que nos hace creer que no tenemos ningún defecto importante.

En general, estamos bajo el efecto «mejor que la media», es decir, creemos estar por encima de los demás en la mayoría de las cuestiones. Sí, ¡tú también! Incluso aunque pienses que tienes más inteligencia que la media. Nos cuesta asumir que somos normales e imperfectos. Pero en este capítulo vamos a hablarte de la importancia que tiene aceptar que somos normales e imperfectos de forma genuina, auténtica.

EFECTO MEJOR QUE LA MEDIA

En tiempos de los Beatles, los psicólogos Preston y Harris hicieron un estudio sobre la habilidad percibida de los conductores. Para ello, entrevistaron a varios grupos de personas. Uno lo formaban cincuenta heridos —hospitalizados—, responsables, según la policía, de los accidentes que habían sufrido. Otro, compuesto también por cincuenta personas, tenía como factor común que nunca habían tenido un accidente. Las respuestas de los integrantes de ambos grupos no variaban mucho cuando les preguntaban a unos y otros sobre sus habilidades al volante. En general, la mayoría pensaba que manejaban sus vehículos mejor que la media, mejor que los conductores «normales». A esta tendencia a pensar que estamos por encima de la media se la conoce como el «efecto mejor que la media». Desde hace más de medio siglo se viene estudiando esta tendencia de los seres humanos a considerarse por encima de la media. Así que ya ha quedado más que corroborado que... así somos.

 ¿Por qué necesitamos sentirnos mejores que la media?

El psicólogo estadounidense Abraham Maslow, el de la célebre pirámide de las necesidades del ser humano, colocaba muy cerca de la cúspide la necesidad de reconocimiento. Según ese piso de la pirámide —que aún no se ha demostrado científicamente en su totalidad—, necesitamos sentirnos únicos, reconocidos, auténticos, buenos en alguna actividad. Si el mundo nos lo dice y nuestro entorno nos premia por nuestros méritos de forma sincera, cuando realmente lo merecemos, es más fácil cubrir esta necesidad. Si no, nos lo podemos decir nosotros. Podemos «autorreconocernos» y darnos una palmadita de «bien hecho». Y es ahí, cuando nos valoramos en positivo y validamos nuestras acciones, cuando podemos optar por una forma más sana (sobre todo, hacia dentro y objetiva) o por otra más narcisista (generalmente hacia afuera y muchas veces ilusoria).

Encasillarnos y encasillar a los demás nos da seguridad. Así funciona nuestra mente, a golpe de esquemas y «trucos» para ser más eficientes. Ahí aparecen los heurísticos y su contrapartida: los sesgos. Los heurísticos son atajos de nuestra mente para no trabajar demasiado. Por ejemplo, pensar que si una persona corre detrás de ti con cara de pocos amigos es porque quiere hacerte daño, eso es un heurístico. En general puede evitarte males mayores. El problema es que a veces fallan. Imagina que esa persona que te persigue tuviera mala cara porque ha tenido un mal día, pero va hacia ti para devolverte la cartera que se te ha caído en mitad de la calle, y tú te subes a un taxi y le dices que corra y te aleje lo más rápido de ella. Te darías cuenta de que no tienes la cartera a la hora de pagar al taxista. Aun así, ese heurístico es bueno en general y te puede salvar la vida casi siempre. Si esto te pasa alguna vez, recomiéndale al taxista que lea este libro para que comprenda lo que te ha pasado, aunque puede que él o ella sea ahora quien tenga cara de pocos amigos.

Encasillar a los demás y a nosotros nos da seguridad. Encasillar a Eva como la compañera de oficina que siempre se apunta a tomar un café y a Juan como el que nunca tiene tiempo para charlar, te ayuda a saber a qué mesa dirigirte cuando quieres hacer una pausa. Que a ti te hayan encasillado como una persona que sabe manejar muy bien las hojas de cálculo, ayudará a tu jefe a saber a quién pedirle ayuda en esos temas.

Y al final llega el momento de encasillarnos a nosotros. ¿Cómo nos encasillamos? Ya sabes, entre los que están por encima de la media. Tenemos la necesidad de sentirnos relevantes, importantes, somos gente a la que hay que tratar con respeto. Y a veces se nos puede ir de las manos. Todos conocemos a algunas personas —generalmente porque los logros o el poder son su motivación y su principal impulso vital— que pueden hacernos la vida imposible con tal de sentirse «por encima de». Están dispuestas a dejar en fuera de juego a quienes se interpongan en su camino, sea como sea. Puede que incluso en algún momento de tu etapa vital sientas más fuertes estas motivaciones y las gestiones en positivo para beneficiar a tu comunidad. O puede que lo hagas solo para tu beneficio, sin importarte mucho si el grupo sale perjudicado. Luego hablaremos de la relevancia del autoconocimiento. Si te ves reflejado en algo de lo que estamos compartiendo, ¡qué bien que lo hayas detectado! Piensa que en esa misma «planta» de la pirámide de Maslow, la de la relevancia, hay otras necesidades como la confianza y el respeto que no sentirás satisfechas si solo te mueve el «estar por encima a cualquier precio». Y si quieres saltar al vértice superior de la pirámide, al de la autorrealización, tendrás que trabajar esos aires ilusorios de perfección y grandeza. ¡Qué no seas la última persona en enterarse de que no eres perfecta ni especial! Eres normal. Del montón. Y está bien así.

Para aceptar nuestra falibilidad, tenemos que empezar por ver cuáles son los mecanismos que nos impiden ver nuestras imperfecciones. Te vamos a hablar de dos de esos cortafuegos que nos imposibilitan conectar con nuestra imperfección. El primero es la dificultad para manejar la culpa sin que afecte a nuestro amor propio. Los seres humanos somos bastante sinceros cuando hablamos de cuestiones que no afectan a nuestra autoestima, pero hacemos autorretratos increíblemente más positivos de lo que dicen los hechos cuando está en juego nuestro sentimiento de valía. Por eso, en las cuestiones que podrían generar culpabilidad, solemos elegir falsear nuestro autoconcepto para salir indemnes y no caer en la vergüenza y la autocompasión. Un ejemplo son las acciones pasadas que ya no podemos cambiar; en ese caso parece más adaptativo autoengañarnos creyendo que no fuimos responsables de lo que ocurrió. Los liquidadores de las compañías de seguros escuchan y leen continuamente ejemplos de cómo este fenómeno de la autoexculpación puede llegar a su extremo. «La farola se abalanzó sobre mi coche y no pude esquivarla», «Al llegar al cruce, surgió una señal de Stop de la nada y no pude reaccionar a tiempo y frenar» o «Los daños en el capó delantero me los produjo un coche que circulaba detrás y no respetaba la distancia de seguridad» son frases que demuestran que se puede distorsionar cualquier recuerdo cuando se trata de evadir responsabilidades. Así somos los seres humanos: aunque no podamos cambiar el pasado, siempre podemos contarlo de manera que nos favorezca.

El otro factor que nos dificulta ser autoconscientes de nuestros defectos es externo. Se trata de la presión social continua para que no fallemos. De hecho, en muchas situaciones, falsear nuestra imagen delante de los demás es adaptativo para «salvar el pellejo». Esa necesidad de autopreservación es tan clara que nos puede quedar la duda de si estamos mintiendo para quedar bien o nos autoengañamos. Es lo que se preguntaban los profesores de la Harvard Business School Zoë Chance y Michael Norton en un artículo con el divertido título de «I read Playboy for the articles: Justifying and rationalizing questionable preferences». En él investigaban todos los mecanismos que ponemos en juego para racionalizar las conductas que nos avergüenzan. Como nos recuerdan estos investigadores, estas estrategias son innecesarias si solo queremos engañar a los demás. Y por la cantidad de energía mental que gastamos en olvidar y tergiversar datos para conseguir salir absueltos de nuestro propio juicio, está claro que debe de ser importante para nosotros. Y lo peor es que destinamos más esfuerzo a disimular justo aquello en lo que somos especialmente imperfectos. Es lo que denominamos el efecto Dunning-Kruger.

EL EFECTO DUNNING-KRUGER

Los psicólogos David Dunning y Justin Kruger lanzaron la teoría (que desde entonces se conoce como el efecto Dunning-Kruger) de que hay muchos más individuos que se consideran por encima de la media (en torno al 90 por ciento) de los que matemáticamente sería lógico esperar.

Aplicado a la vida diaria, este fenómeno nos invita a tener cuidado con los que se creen (o nos creemos) «por encima de». ¿Por qué? Porque suelen ser los más ineptos. El efecto Dunning-Kruger es un sesgo, un autoencasillamiento equivocado que vemos de forma habitual en diferentes ámbitos: empresas, partidos políticos, medios de comunicación... hasta en las conversaciones de ascensor con los vecinos. Ese efecto se puede resumir en esta frase: «los incompetentes tienden a sobreestimar sus habilidades, mientras que las personas más válidas tienden a subestimar su talento en relación con los primeros». Dunning y Kruger pusieron su nombre a este término a finales de la década de los noventa, que confirmó el dicho de nuestros abuelos: «dime de qué presumes y te diré de qué careces». Si nos ponemos a revisar frases célebres sobre ignorancia encontramos algunas como estas:

«La enfermedad del ignorante es ignorar su propia ignorancia», Amos Bronson Alcott.
«El primer paso de la ignorancia es presumir de saber», Baltasar Gracián.
«Nada hay en el mundo tan común como la ignorancia y los charlatanes», Cleóbulo de Lindos.

El paso del tiempo ha validado, tras los estudios realizados en la facultad de Psicología de la Universidad de Cornell —los que fundamentan el efecto Dunning-Kruger—, las tres citas.
Por cierto, como somos imperfectos, hemos de decirte que este efecto nos puede ocurrir —y nos ocurre— a cualquiera

de nosotros cuando nos lanzamos a hablar de campos que desconocemos o que conocemos muy por encima. Ya sabes lo que dicen: no hay nadie más peligroso que el que solo ha leído un libro, porque pensará que todo el conocimiento está ahí. Es más, uno de los sectores donde más aparece este efecto es precisamente en la psicología, el *coaching* y todo lo que tenga que ver con el crecimiento personal. Un ámbito donde mucha gente, con poca preparación, opina con vehemencia y seguridad ilusoria. ¡Ándate con ojo! ¿La solución? Leer más. Cuanto más nos formamos más nos damos cuenta de todo lo que nos falta por aprender y dejamos de ser ignorantes de nuestra ignorancia.

Un resultado del efecto Dunning-Kruger es que, en cuanto notamos que no hemos sido consistentes con nuestra ética actual (una forma de ser imperfectos que los seres humanos sobrellevamos muy mal), modificamos los recuerdos pasados para que encajen en esa norma moral. A veces basta con cambiar un episodio determinado que no nos gusta contarnos a nosotros mismos. Pero los estudios demuestran que podemos tergiversar también cientos de hechos referentes a un mismo tema cuando buscamos consistencia. Un ejemplo es la investigación realizada por Michael Ross, Cathy McFarland y Garth Fletcher, en la que se entrevistaba a un grupo de personas antes, durante y después de asistir a un curso de técnicas de estudio. Al comienzo no creían haber puesto en práctica ninguna de las estrategias que se veían en el curso (lo cual era cierto, según las medidas objetivas). Sin embargo, durante las clases, los estudiantes ya se mentían a sí mismos y recordaban haber ejecutado a menudo esas técnicas antes de empezar el aprendizaje. La artimaña mental iba cambiando a medida que pasaba el tiempo: unos meses después, su memoria les decía que no habían usado esas estrategias antes del curso, pero que sí las habían empleado a menudo en los meses que siguieron, algo que también era falso según las medidas objetivas. Los estudiantes modificaban sus recuerdos para salir bien parados en función de su motivación actual.

En trabajos posteriores, estos investigadores encontraron el mismo fenómeno de reelaboración del pasado para adaptarlo a las opiniones que tenemos en el presente. Por ejemplo, si se dividía a los voluntarios en dos grupos y uno de ellos asistía a una convincente charla sobre la importancia de lavarse los dientes varias veces al día, este grupo trampeaba su recuerdo para pensar que su higiene bucal anterior había sido más cuidadosa de lo que era en realidad. El autoengaño solo se producía cuando la necesidad de coherencia era acuciante; así, los que no asistían a la conferencia tenían una imagen de su higiene mucho más cercana a la objetiva, lo que demostraba que el falseamiento tenía como objetivo sentirse coherentes.

EL EGO COMO CORTAPISAS PARA CONECTAR CON NUESTRAS IMPERFECCIONES

El fenómeno de la transformación de nuestros actos pasados en función de las creencias actuales es, desde luego, una de las bases de las mentiras que nos contamos a nosotros mismos. Maquillamos nuestros actos para parecer más coherentes porque, como afirma el psicólogo Daniel Goleman en su libro *El punto ciego, psicología del autoengaño*, «quien controla el pasado, controla el futuro». Pero la búsqueda de coherencia en nuestro devenir vital no es la única razón: el ego parece influir en gran medida.

Nos importa mucho nuestra autoevaluación y no dudamos en obviar o alterar el recuerdo de los hechos para creer, por ejemplo, que somos más honrados que lo que demuestran nuestros verdaderos actos. En 1997, la revista *U.S. News* preguntó a sus lectores cuál era, según ellos, la probabilidad que tenían ciertos personajes públicos de ir al cielo. El recién reelegido presidente Bill Clinton no parecía ser un gran candidato: solo el 52 por ciento de los encuestados preveía que acabaría en la gloria. Lady Di, con un 60 por ciento, y Michael Jordan, con un 65 por ciento, tenían más posibilidades. Pero la que hubiera ganado la competición habría sido la Madre Teresa (un 79 por ciento de los lectores opinaba que tenía destinado un lugar en el Paraíso) de no ser por la abrumadora mayoría de personas (un 87 por ciento) que opinaban que los que tenían más papeletas para ingresar en el Edén eran... ellos mismos.

Aceptar la imperfección significaría, entonces, eliminar el primer obstáculo, es decir, cambiar la culpa (que afecta de forma decisiva a nuestra autoestima) por responsabilidad (que implica que podemos aprender de nuestros errores y deja nuestro amor propio indemne). Por otra parte, quizá también implicara buscar ambientes donde se favorezca la honestidad, porque la mayoría de las personas aceptan nuestra (y su) deficiencia sin escándalo... Todo eso conllevaría, por supuesto, mantener nuestro ego en niveles suficientes para vivir, pero sin llegar al narcisismo (la inflamación del ego), tan fomentado por el mundo actual. ¿Se puede disfrutar de una buena autoestima aceptando que no somos seres de luz, infalibles y siempre eficaces? La respuesta de la psicología es, qué duda cabe, un sí rotundo. Es más: probablemente conectar con nuestra falibilidad sea la única forma de tener un amor propio sano que dure más en el tiempo.

Te imaginamos ahora leyendo y te damos la enhorabuena. Leer y formarnos de manera continuada nos ayuda a no imponer nuestra ignorancia. Por ejemplo, si solo hubiéramos leído libros de psicología del siglo pasado, defenderíamos con convicción que no hay nada mejor para sentirnos bien que creer que somos perfectos. El modelo sociopsicológico de Taylor y Brown afirmaba que las ilusiones positivas sobre uno mismo eran también positivas para su salud mental. Sentirse superior a la media, con capacidad de controlar todas las situaciones y creer que, en general, todo va a ir bien (sesgo de optimismo) se consideraba algo beneficioso a nivel terapéutico. Por lo que podríamos pensar que... anda, pues ya puestos, establezcamos sesgos «en positivo», veámonos como personas cuasiperfectas (esas que todo lo hacen bien) y la vida nos irá mejor.

Hemos leído más libros, así que te podemos decir que ese pensamiento se dejó atrás en los noventa, al menos en el mundo académico. Así que apunta esto: tener un concepto sobre ti equivocado, aunque sea «en positivo», no te va a ayudar a sentir una autoestima mayor (salvo que quieras que sea ilusoria, claro).

_____EXPERIMENTO SOBRE AUTOESTIMA Y CLARIDAD DEL AUTOCONCEPTO

En 1990, J. D. Campbell llevó a cabo un experimento que dejó atrás las teorías de Taylor y Brown. ¿Cómo lo hizo? Primero, seleccionó a un número de personas a las que sometió a un test para medir su autoestima. Después, les pidió que se describieran, que contaran cómo se veían. Así conoció el autoconcepto de cada una. Y para terminar, estudió si aquellos individuos eran en realidad tal y como se veían. Es decir, puso a prueba su autoconcepto.

Tras analizar los resultados se vio que las personas que tenían una alta autoestima mostraban más coherencia y consistencia entre su autoconcepto y su forma de ser. Tenían más confianza y hasta respondían más rápido a los test. Por el contrario, aquellas que presentaban una baja autoestima eran menos coherentes con sus respuestas y su autoconcepto difería bastante de cómo era realmente su personalidad.

Conclusión, si te ves como realmente eres, tu autoestima es más sana, más fuerte. Así que de nada valdrá que te sientas rápido como una gacela si no has corrido nunca por debajo de los cuatro minutos el kilómetro. No te sentirás mejor por creerte bueno en algo en que no lo eres. Más bien, todo lo contrario.

Después de leer este capítulo solo te podemos dejar una frase que tiene unos añitos, para que todos, tú y nosotros, nos apliquemos: «Conócete a ti mismo». Este mensaje estaba escrito en el templo de Apolo en Delfos. Entonces ya sabían la importancia que tiene conocerse bien, esto es, nuestras habilidades (que las tenemos, aunque sean pocas) y nuestros puntos flojos (el resto). Una persona que es capaz, de forma sincera, de decir: soy un deportista mediocre, no me gusta Coldplay ni el fútbol, soy algo rencoroso, soy mal cocinero, nunca he visto *Juego de Tronos* y solo se me da bien la jardinería, tendrá una autoestima más fuerte que esa persona que va muy bien conjuntada al gimnasio, que dice que sus hijos son perfectos y que en su casa todo se hace bien. Esa persona… Seguro que también cree que conduce «mejor que la media», así que no está preparada aún para experimentar la paz que se siente al formar parte, de forma genuina, del Club de los Imperfectos, pero lo estará. Aquí la esperaremos.

El psicólogo

Voy a dar otra vuelta de tuerca a este tema. Creo que lo más importante para aceptar nuestras imperfecciones es asumir que casi seguro que no estamos aceptando nuestras imperfecciones. Nuestra mente está preparada para autoengañarnos en ese sentido y hacernos creer que somos los únicos que somos valientes con nosotros mismos.

Somos tan ilusos que tenemos mecanismos para olvidar que nos autoengañamos. El filtro del autofalseamiento es tan sutil que incluye, incluso, una última vuelta de tuerca: la psicóloga Emily Pronin concluyó, a través de unos experimentos muy divertidos, que casi todo el mundo se siente más inmune que los demás al autoengaño. Un giro más en este mecanismo de creernos mejor que la media: somos tan prepotentes con nosotros mismos como para creer que estamos por encima de los demás en la detección de la prepotencia. Y nuevamente las cifras no cuadran: es imposible que la inmensa mayoría superemos al resto en lucidez.

Por eso, como quiero ser un miembro fiel de este Club de los Imperfectos, intento repetirme a mí mismo que no hay nada más ficticio que creer que no me autoengaño y que conozco mis defectos. Diseño maquiavélicos experimentos para saber qué piensan los que me quieren sobre mí (a pesar de que sé que les cuesta contármelo). Cambio cosas que creo hacer bien para ver si, haciéndolas de otra manera, me salen mejor, y me doy cuenta de que realmente no era tan hábil como creía. Cada vez que me convence una idea de cualquier tipo busco en internet (que para eso está) críticas a mi postura. E intento divertirme en el proceso, aunque me cuesta. Porque, efectivamente, mi cerebro, como el de cualquier otro ser humano, se opone siempre a que vislumbre mis imperfecciones. Es inevitable: está haciendo su trabajo.

La coach

Voy a aportar una perspectiva lúdica al concepto del imperfeccionismo. Cuando jugábamos de pequeños, muchas veces nuestra principal motivación no era ganar o perder (y mucho menos ser perfectos jugando a lo que fuera), sino evitar el aburrimiento. Cuando nos convertimos en adultos, la cosa puede variar un poco dependiendo de si tenemos una motivación de logro muy fuerte o si nuestro ego se encuentra un poco inflamado, pero hay algo que sigue presente también en esta etapa, y es que jugar, a lo que sea, nos distrae y nos estimula a hacerlo mejor que la última vez; es decir, nos permite un recorrido por delante sobre el que retarnos a nosotros mismos.

Llegados a este punto, puede que nos venga bien hacernos una pregunta: si somos tan buenos, cuasiperfectos, tan por encima de la media, ¿qué espacio nos queda realmente para divertirnos en la vida? Creo que lo perfecto, además de inalcanzable y enemigo de lo bueno (como reza el refrán), es tremendamente aburrido. Alcanzar esa utópica excelencia nos restaría un montón de posibilidades de invertir nuestro tiempo. Nos eliminaría la posibilidad de aprender, nos quitaría la parte divertida de recorrer un camino de mejora.

En el campo del desarrollo personal, lo bueno no es solo que tengamos fortalezas, sino que contemos con áreas de mejora que, potencialmente, se pueden convertir en fortalezas. Cuando alguien siente que no tiene nada que mejorar, está automáticamente cerrando la puerta a un buen número de oportunidades de exploración y aprendizaje, con sus incertidumbres, pero también con la generación de energía vital que permite recorrer el camino de la mejora, y esta es una de las cosas que nos ayuda mucho a sentirnos vivos.

El estudiante

Abrazar la imperfección no es fácil. Ni siquiera si, tras leer este libro, tenemos claro que somos imperfectos. Da igual, aunque conozcamos todos nuestros puntos flojos de forma sincera. Seguiremos cometiendo sesgos; hablando de temas que pensamos que dominamos, pero de los que no tenemos ni idea; creyéndonos mejores que los demás —o al menos defendiéndolo en público—; jugando a diagnosticar a la sociedad, a los otros, sin incluirnos entre los que comparten «esos males»; dando gracias por pertenecer a nuestra generación y no a la siguiente «porque la siguiente no es tan buena como la nuestra»... La lista es interminable.

Si en algún momento caes en que has cometido estos sesgos, que ya te digo que tanto tú como yo seguro que lo hemos hecho y lo seguiremos haciendo, tendremos que decidir qué hacemos con ese descubrimiento. Lo fácil será negarlo. Por ejemplo, si opinamos que Juan es un mal compañero de trabajo, pero lleva un mes echándonos una mano con los informes, podemos optar por pensar que «nos hacía esos favores porque no le quedaba otra que ayudarnos», porque realmente es un mal compañero, como siempre hemos pensado. De esa forma no hay que cambiar nuestro esquema inicial, atribuimos sus ayudas a algo puntual e irrelevante, y todos tan contentos. También podemos asimilar esa nueva información y acomodarla en nuestro esquema. Esto lleva más tiempo y esfuerzo. Podríamos decir: «Es un compañero que nunca habla conmigo, que nunca me busca para tomar un café y no se preocupa por mi vida personal, pero si le pido que me ayude con los informes, suele estar ahí para echar un cable». De esa forma meteríamos a Juan en el grupo de los que no me caen ni bien ni mal. O, por último, podríamos cambiar nuestro esquema sobre él y decir: «Pues mira, al final resulta que estaba equivocado con él y ha resultado ser un buen tipo». Esto implica asumir que estábamos equivocados y que, sobre todo, si habíamos compartido ese pensamiento inicial de que Juan era un mal compañero con la mitad de la oficina, nos va a costar tiempo, algo de vergüenza y energía cambiar el esquema y decirle a toda la plantilla que ahora Juan ya no es una mala persona, sino uno de mis mejores amigos.

Como ves, negar que nos hemos equivocado es lo más fácil. Este es el camino para seguir en el grupo de las personas «perfectitas», el que más nos gusta (je, je). Acomodar nuevos elementos nos va a llevar trabajo (tendremos que poner piezas extras en el puzle). Pero cambiar de opinión y aceptar que estábamos equivocados es lo más duro. Lo bueno es que pasa como con los músculos, cuanto más los ejercitas, menos esfuerzo cuesta la próxima vez. Este es el camino que te hemos propuesto alcanzar en este libro. El de aceptar que somos imperfectos. Porque es lo que somos. Personas imperfectas que se equivocan. Que a veces aprenden. Otras niegan la mayor. En algunos momentos acomodan sus nuevos pensamientos a sus esquemas «de siempre». Y en contadas ocasiones se atreven a admitir su equivocación y cambiar de opinión. Sea como sea, siguen avanzando. Seguimos avanzando. Y lo que nos queda...

¿Nos dejas seguir acompañándote en el camino?

Entiende tu mente de Molo Cebrián, Luis Muiño y Mónica González
se terminó de imprimir en octubre de 2022
en los talleres de
Litográfica Ingramex S.A. de C.V.,
Centeno 162-1, Col. Granjas Esmeralda, C.P. 09810,
Ciudad de México.